I0117171
www.ingramcontent.com/pod-product-compliance
Lightning Source LLC
Chambersburg PA
CBHW062100270326
41931CB00013B/3152
9783944191928

سی و پنج سال در حجاب

نقض گسترده حقوق زنان در ایران

عدالت برای ایران

اسفند ۱۳۹۲

Justice
For Iran
عدالت برای ایران

قدردانی

تحقیق و نگارش این گزارش را مریم حسین‌خواه، پژوهشگر عدالت برای ایران انجام داده است. طاهره دانش، پژوهشگر عدالت برای ایران، نسخه خلاصه‌ای از آن را به زبان انگلیسی نوشته است و ایزابل مارلر، آن را ویرایش کرده است. شادی صدر و شادی امین، مدیران عدالت برای ایران کار مرور گزارش را برعهده داشته‌اند. معصومه فرجی، طراح جلد گزارش آنلاین بوده است و کتاب آیدا، آن را برای چاپ و انتشار صفحه‌بندی و آماده کرده است. به دلایل امنیتی، از ذکر نام دو تن دیگر از همکارانمان که در تهیه این گزارش دخیل بوده‌اند معذوریم.

سی و پنج سال در حجاب، نقض گسترده حقوق زنان در ایران

عدالت برای ایران

اسفند ۱۳۹۲

چاپ اول کتاب ۱۳۹۳

وب سایت: www.justiceforiran.org

پست الکترونیکی: info@justiceforiran.org

صفحه‌آرایی: کتاب آیدا

ISBN 978-3-944191-92-8

فهرست

مقدمه

تنها ۲۴ روز پس از پیروزی انقلاب ۱۳۵۷، یک روز مانده به روز جهانی زن و زمانی که هنوز حتی قانون اساسی حکومت جدید ایران به تصویب نرسیده بود، به دستور آیت‌الله خمینی، رهبر انقلاب، زنان از ورود بدون حجاب به ادارات دولتی منع شدند. هرچند هزاران زن در تهران در اعتراض به این دستور برای سه روز دست به تظاهرات و تحصن زدند، اما در نهایت حجاب اسلامی رفته رفته و تا سال ۱۳۶۰ کاملاً اجباری و ابتدا در سال ۱۳۶۲ در قانون تعزیرات به عنوان یک جرم تثبیت شد.

ایران نخستین کشوری است که در آن تمامی زنان طبق قانون مجبور به رعایت حجاب شده‌اند. قوانین جمهوری اسلامی ایران بدون ارائه تعریفی دقیق از حجاب، حضور زنان بدون "حجاب شرعی" در "معابر و انظار عمومی" را جرم اعلام کرده و مجازات حبس و جریمهٔ نقدی را برای آن تعیین کرده است.[1] حجاب شرعی بر اساس فقه شیعه پوشاندن موی سر و تمامی بدن به جز مچ به پایین دو دست است. اما مصادیق رعایت نکردن حجاب شرعی که از سوی نیروهای پلیس[2] و یا سایر نهادهای رسمی تعیین می‌شوند، حوزهٔ شمول گسترده‌تری دارند که از رنگ لباس تا تنگی و گشادی آن و حتی گاهی پوشیدن چکمه را دربر می‌گیرد. این مصادیق ثابت نیستند و در دوره‌های زمانی مختلف تغییر کرده‌اند؛ اغلب نوع پوششی که در هر سال، مد شده بوده، جزو مصادیق عدم رعایت حجاب شرعی قرار می‌گیرد و ممنوع می‌شود.

در حالی‌که قوانین شرعی، زنان را از سن ۹ سالگی ملزم به رعایت حجاب می‌دانند و زنان سالخورده نیز از رعایت حجاب معاف هستند بر

---

[1] ماده ۶۳۸ قانون مجازات اسلامی مصوب سال ۱۳۷۵ مقرر می‌دارد: «زنانی که بدون حجاب شرعی در معابر و انظار عمومی ظاهر شوند به حبس از ۱۰ روز تا دو ماه یا از ۵۰ هزار تا پانصد هزار ریال جزای نقدی محکوم خواهند شد.»
[2] قانون راهکارهای اجرایی گسترش فرهنگ عفاف و حجاب، مصوب سال ۱۳۸۴

اساس قوانین جمهوری اسلامی تمامی زنان از سن هفت سالگی، هم‌زمان با سن آغاز به تحصیل دختران ملزم به رعایت حجاب هستند. دختران دانش‌آموز از سن هفت سالگی باید موی سرشان را با مقنعه‌های بلندی که تا روی سینه می‌آیند، بپوشانند، مانتوهای بلند تا پایین زانو و شلوار گشاد تن کنند و حتی در داخل مدرسه که همهٔ دانش‌آموزان و معلمانِ آن زن هستند نیز حجاب را رعایت کنند. زنان سالخورده نیز با وجود استثنایی که شرع برای آنها قایل شده، باید پوشش اسلامی داشته باشند.

این قوانین سخت‌گیرانه و نظارت مستمر بر آن برای رعایت حجاب اسلامی، مختص زنان مسلمان نیست و تمامی زنان ساکن ایران و زنانی که به ایران سفر می‌کنند فارغ از مذهب و عقیده‌شان مجبور به رعایت حجاب هستند و در واقع قانون ایران، حجاب اسلامی را به زنان مسیحی، یهودی، زرتشتی، بهایی و بی‌دین که بر اساس مذهب و عقیده‌شان ملزم به تن دادن به حجاب نیستند نیز تحمیل می‌کند.

با وجود اینکه از سال ۱۳۵۹ به بعد تمامی زنان مجبور به رعایت حجاب در اماکن عمومی شدند، براساس آمارهای دولتی هر ساله هزاران زن در ایران به دلیل رعایت نکردن حجاب کامل اسلامی و آنچه از سوی حکومت "بدحجابی" عنوان می‌شود، در خیابان و دیگر فضاهای عمومی شهرها مورد توبیخ قرار گرفته، بازداشت می‌شوند و گاه برای محاکمه به مراجع قضایی ارجاع داده می‌شوند.

یافته‌های این گزارش نشان می‌دهد که آزار و اذیت زنانی که به حجاب اسلامی باور نداشته و آن را رعایت نمی‌کنند محدود به توبیخ‌های خیابانی ماموران پلیس نیست. بسیاری از زنان به دلیل تخطی از قوانین حجاب بازداشت و محاکمه شده‌اند، زنان همچنین با محدودیت‌ها و محرومیت‌هایی در زمینه اشتغال، تحصیل، استفاده از خدمات عمومی و حضور در اماکن فرهنگی و تفریحی مواجه می‌شوند. به‌گونه‌ای که با در کنار هم گذاشتن تمام موارد نقض حقوق شهروندی زنان به دلیل رعایت نکردن حجاب کامل اسلامی و شمار زنانی که براساس آمارهای رسمی، به عنوان بی‌حجابی یا

"بدحجابی"، حقوق‌شان از سوی نهادهای رسمی نقض شده است می‌توان گفت که زنان ایرانی بیشترین و فراگیرترین آزار و اذیت‌ها را، به خاطر مقاومت در برابر حجاب اجباری تجربه کرده‌اند.

با این همه، حجاب اجباری که در ۳۵ سال گذشته از سوی جمهوری اسلامی بر زنان ایران تحمیل شده، اغلب در مقایسه با قوانین و شرایط نابرابری که زنان را در خانواده، محل کار، دانشگاه و عرصهٔ عمومی مورد تبعیض جنسیتی قرار می‌دهد و مجازات‌های کیفری مضاعفی را بر آنها تحمیل می‌کند، کمتر مورد توجه فعالان حقوق بشر و پژوهشگران قرار گرفته است.

از یک سو گره خوردن حجاب با مذهب و سیاست‌های اصلی نظام جمهوری اسلامی، مخالفت با حجاب اجباری در داخل ایران را به منزله مخالفت با این دو رکن اصلی درآورده و صدای مخالفان را از بیم سرکوب بیشتر خاموش یا کم‌جان کرده است. از سوی دیگر عمومی شدن حجاب در پی سرکوب‌های سال‌های نخست پس از انقلاب، آن را به مساله‌ای به ظاهر "عادی و پذیرفته شده از سوی زنان" تبدیل کرده است.

گزارش تحقیقی "سی و پنج سال" که هم‌زمان با سی و پنجمین سالگرد فرمان آیت‌الله خمینی مبنی بر اجباری بودن حجاب، منتشر می‌شود، برای اولین بار، سرکوب زنان در ایران به دلیل رعایت نکردن مقررات مربوط به حجاب اجباری را در یک چارچوب حقوق بشری مورد بررسی قرار می‌دهد. این گزارش نشان می‌دهد چگونه حقوق بشر هزاران زن ایرانی، در طول ۳۵ سال گذشته تنها به دلیل رعایت نکردن قوانینی که آنها را مجبور به پوشاندن سر و بدن خود می‌کنند، به شکلی سازمان‌یافته و گسترده نقض شده است.

منبع اصلی گزارش پیشِ رو، آمارها و گزارش‌های رسمی اعلام شده از سوی مقام‌های رسمی جمهوری اسلامی ایران است. ما همچنین از گزارش-های منتشر شده در رسانه‌های مستقل، نوشته‌های کاربران ایرانی در وبلاگ-ها و شبکه‌های اجتماعی اینترنتی و مصاحبه با ۲۰ زن که به خاطر نوع پوشش‌شان تحت تعقیب قرار گرفته‌اند، استفاده کرده‌ایم. دشواری دسترسی

به کلیه نشریات رسمی در خارج از ایران، یکی از محدودیت‌های این تحقیق بود. در عین حال، با وجود اینکه تا حد ممکن سعی کردیم که این تحقیق جامع باشد، اما برخی از موضوعات مانند اجبار پوشیدن چادر در زندان و نقض حقوق زندانیان زن به خصوص زندانیان سیاسی زن، یا ارائه تحلیلی جزیی‌تر و جمع‌آوری روایت‌هایی بیشتر از اعمال خشونت و نقض حقوق زنان در روند اجباری شدن حجاب به خصوص در دهه ۶۰، به دلیل محدودیت‌های زمانی، به تحقیقات آینده موکول شد.

مجموعه مدارک و شواهد جمع‌آوری شده، نقض سازمان‌یافته و گسترده حقوق بشر در زمینه تحمیل حجاب اجباری بر زنان را طی ۳۵ سال گذشته، هم‌زمان با روی کار آمدن جمهوری اسلامی در ایران اثبات می‌کند. با اینکه آمار جامعی از برخوردهای حکومت با زنان در این زمینه منتشر نشده اما یافته‌های این گزارش، که بر مبنای جمع‌زدن آمارهای پراکنده اعلام شده از سوی مقامات رسمی به دست آمده، نشان می‌دهد در مجموع در ۱۰ سال گذشته (۱۳۹۲-۱۳۸۲) بیش از ۳۰ هزار زن در شهرهای مختلف ایران بازداشت شده‌اند. آمارهای رسمی همچنین توبیخ دست‌کم ۴۶۰ هزار و ۴۳۲ زن را تأیید می‌کنند و بر اساس آن بیش از هفت‌هزار زن مجبور به دادن تعهد برای رعایت حجاب اسلامی شده‌اند. ارسال پرونده دست‌کم چهار هزار و ۳۵۸ زن به دادسراهای قضایی برای رسیدگی به تخطی آنها از قوانین حجاب، از دیگر آمار اعلام شده در رسانه‌های رسمی جمهوری اسلامی ایران است.[۱] این آمارها، به تنهایی نشان‌دهنده گسترده بودن سرکوب زنان به دلیل حجاب اجباری است. در عین حال، گزارش پیشِ رو نشان می‌دهد چگونه حقوق زنان در حوزه‌های متعدد، از جمله اشتغال، تحصیل، دسترسی به امکانات بهداشتی، درمانی، فرهنگی، تفریحی به دلیل مقررات مربوط به حجاب اجباری، به شکلی شدید نقض شده است و در بسیاری از موارد، اعمال حجاب اجباری همراه با شکنجه یا سایر روش‌های آزار و اذیت بوده است.

---

[۱] برای جزییات بیشتر، رک فصل دوم همین تحقیق

با وجود تفاوت‌هایی که در نحوه و شدت برخورد با زنان به دلیل نوع حجاب‌شان در دوره‌های مختلف پس از انقلاب در ایران وجود داشته است اما این گزارش نشان می‌دهد که هیچ‌گاه خشونت دولتی برای وادار کردن زنان به رعایت مرزهای تعیین شده برای حجاب، متوقف نشده است. این روند، حتی پس از به قدرت رسیدن رییس جمهور تازه ایران، حسن روحانی، که خوشبینی‌های زیادی را در در بین عده‌ای از ایرانیان در داخل و خارج از کشور نسبت به بهتر شدن وضعیت حقوق بشر به وجود آورده است، همچنان ادامه دارد.

بخش اول این گزارش به مروری تاریخی و حقوقی بر روند اجباری شدن حجاب پس از پیروزی انقلاب اسلامی در ایران پرداخته است. در این بخش علاوه بر بررسی فشارهای رسمی و غیررسمی که منجر به تحمیل حجاب اسلامی بر زنان در ایران شد، مجموعه قوانین مربوط به حجاب و نقش دستگاه‌های مختلف در زمینهٔ نظارت بر رعایت حجاب اسلامی مورد توجه قرار گرفته است. آزار و اذیت زنان بی‌حجاب در ماه‌های قبل از پیروزی انقلاب و سال‌های نخست استقرار جمهوری اسلامی از سوی نیروهای مذهبی تندرو، تلاش مرحله به مرحله حکومت اسلامی برای اجباری کردن حجاب از اسفند ۱۳۵۷ تا مردادماه ۱۳۶۲ و روند تثبیت قانونی حجاب اسلامی و مقابله با زنان خاطی از مقررات حجاب طی سه دهه گذشته از جمله مواردی است که در این بخش به تفضیل بررسی شده است.

بررسی موارد نقض حقوق بشر به دلیل اجبار حجاب اسلامی بر زنان، موضوع بخش بعدی این گزارش است. بر اساس یافته‌های این پژوهش، اجبار حجاب اسلامی علاوه بر آنکه یک تبعیض آشکار جنسیتی است و حقوق بدیهی همچون حق آزادی عقیده و آزادی مذهب را به طور صریح نقض می‌کند، زنان را در معرض برخوردهای خشونت‌آمیزی که به بهانه نظارت بر رعایت حجاب صورت می‌گیرد، نیز قرار می‌دهد. شواهد ارایه شده در این پژوهش نشان می‌دهد که شمار زیادی از زنان نه تنها در روند بازداشت به

خاطر رعایت نکردن حجاب مورد توهین، آزار و اذیت و ضرب و شتم مأموران دولتی قرار گرفته‌اند، بلکه بسیاری از آنها به همین بهانه به حبس و یا شکنجه‌هایی همچون شلاق محکوم شده‌اند. این گزارش همچنین روند قضایی بازداشت و محاکمه زنان به اتهام نداشتن حجاب کامل اسلامی و صدور احکام ناعادلانه در این زمینه را مرور کرده و نقض امنیت روانی زنان در جامعه که در مواردی منجر به مرگ و خودکشی آنها شده را مورد توجه قرار داده است.

اخراج زنان از ادارات دولتی، ممانعت از ارتقای شغلی آنان به دلیل نداشتن پوشش کامل اسلامی، محرومیت از تحصیل دختران دانشجو، احضار آنها به کمیته انضباطی و اخراج از خوابگاه‌های دانشجویی بخشی از این آزار و اذیت‌ها است که به استناد آمار رسمی موجود، گزارش نهادهای حقوق بشری و شهادت زنان قربانی این تبعیض‌ها بررسی شده است.

بخش دیگر این گزارش محدودیت و محرومیت زنان از حقوق شهروندی‌شان به بهانه تخطی از قوانین سخت‌گیرانه حجاب را بررسی کرده است. طی ۳۵ سال گذشته بسیاری از زنان به بهانهٔ "بی‌حجابی و بدحجابی" به محرومیت ازخدمات عمومی شهری همچون رانندگی، سفر با هواپیما، استفاده از خدمات درمانی دولتی و همچنین امکانات فرهنگی و تفریحی محکوم شده‌اند و گاه به خاطر همین محدودیت‌ها مجبور به مهاجرت از ایران شده‌اند. نقض مفاد پیمان‌نامه حقوق کودک از طریق اجبار دختربچه‌ها به رعایت حجاب و بازداشت آنها به خاطر نداشتن حجاب کامل از دیگر موضوعاتی است که در این پژوهش مورد توجه قرار گرفته است.

همچنین در انتهای هر بخش تلاش شده تا عملکرد جمهوری اسلامی در زمینه حجاب اجباری با تعهدات بین‌المللی این کشور تطبیق داده شود. در حالی‌که ایران چهار سند جهانی "اعلامیه حقوق بشر"، "میثاق بین‌المللی حقوق مدنی و سیاسی"، "میثاق بین‌المللی حقوق اقتصادی- اجتماعی و

فرهنگی" و "پیمان‌نامه حقوق کودک" را امضا کرده و ملزم به رعایت آنها است، بسیاری از قوانین و شیوه‌های اجرایی این کشور در رابطه با حجاب اجباری در تناقض با این تعهدات قرار دارد و در واقع جمهوری اسلامی ایران با تحمیل حجاب اسلامی بر زنان، بسیاری از مواد این چهار سند جهانی را زیرپا می‌گذارد.

فصل اول

مرور تاریخی- حقوقی اجباری شدن حجاب در ایران

اولین قدم‌های اجبار زنان به پوشاندن خود با حجاب اسلامی، چند ماه قبل از روی کار آمدن جمهوری اسلامی در ایران، با آزار و اذیت زنان بی حجاب از سوی "انقلابیون مذهبی" شروع شد. مروری بر اخبار منتشر شده در چند ماه منتهی به پیروزی انقلاب در بهمن ماه ۱۳۵۷ حاکی از "آزار" زنان بی‌حجاب و حتی بیرون راندن آنها از صفوف تظاهرات ضد حکومتی است.

ستون کیهان و خوانندگان روز ۲۷ دی ماه ۱۳۵۷، به نقل از زنی به نام پروین افشار نوشته بود: "این روزها خانم‌های چادری رفتار بسیار بدی با زنان بی‌حجاب دارند و هر جا که زن بی‌چادری را ببینند به او توهین می‌کنند. حتی بعضی از جوانان ضمن متلک گفتن به این گروه از زنان موجبات آزار بدنی آنان را نیز فراهم می‌کنند." زنی دیگر به نام بتول اخوت پور نیز در همان روز در تماس با روزنامه کیهان گفته بود که به دلیل نداشتن چادر او را از صف تظاهرکنندگان بیرون انداخته‌اند. بیانیه‌ای که از سوی "گروه زنان مجاهد" در روزنامه کیهان منتشر شد نیز به "تهدید زنان و دختران بی‌چادر و آتش زدن و چاقوکشی و اسیدپاشی" به آنها اعتراض کرده بود.[1]

فرمان حجاب اجباری و تظاهرات اعتراضی زنان

نخستین واکنش رسمی حکومت اسلامی به مساله حجاب اما در ۱۶ اسفند ۱۳۵۷ بود. کمتر از یک ماه پس از پیروزی انقلاب، در حالی که آزار

---

[1] روزنامه کیهان، ۲۷ دی، ۱۳۵۷ شماره، ۱۰۶۱۵ صفحه ۷

و اذیت زنان بی‌حجاب در اماکن عمومی از سوی برخی انقلابیون مذهبی ادامه داشت، آیت‌الله روح‌الله خمینی، رهبر جمهوری اسلامی ایران، زنان بی‌حجاب را "لخت" نامید و خواستار آن شد که زنان با حجاب اسلامی بر سر کار حاضر شوند. ۱۶ اسفند ماه ۱۳۵۷، آیت‌الله روح‌الله خمینی در مدرسه رفاه گفت: "در وزارتخانه‌های اسلامی نباید زن‌های لخت بیایند. زن‌ها بروند اما باحجاب باشند. مانعی ندارد بروند کار کنند لیکن با حجاب شرعی باشند."[1]

کیهان

ترکیب جبهه دمکراتیک ملی مشخص شد

امام خمینی از دولت خواست که انقلابی عمل کند

انتقاد شدید امام از دولت

۶ عامل تجاوز به کودکان تیرباران شدند

یک روز مانده به هشت مارس، رهبر انقلاب اعلام کرد:
«زن‌ها باید باحجاب به وزارتخانه‌ها بروند»
روزنامه کیهان، ۱۶ اسفند ۱۳۵۷

فردای آن روز در ۱۷ اسفند ۱۳۵۷، هم‌زمان با هشتم مارس، روز جهانی زن، هزاران زن با راه‌پیمایی در خیابان‌های تهران به برخوردهای صورت گرفته با زنان بی‌حجاب، اعتراض کردند. شعارهای زنان در این راه‌پیمایی بر علیه "کسانی که به زنان بی‌حجاب حمله کرده‌اند"[2] حاکی از ادامه برخوردهای خشونت‌آمیز با زنان بی‌حجاب است. بر اساس گزارش روزنامه کیهان، در همان روز، "گروهی از مردان در میدان ولیعهد به چند زن بی‌حجاب حمله کردند و پرتاب سنگ به سوی مردان منجر به مجروح شدن چند نفر از زنان شد."[3]

---

[1] روزنامه کیهان، ۱۶ اسفند، ۱۳۵۷ شماره، ۱۰۶۵۵ صفحه ۱

[2] روزنامه کیهان، ۱۷ اسفند ۱۳۵۷ ، شماره، ۱۰۶۵۶ صفحه ۲

[3] روزنامه کیهان، ۱۷ اسفند، ۱۳۵۷ شماره، ۱۰۶۵۶ صفحه ۲

تظاهرات زنان در اعتراض
به اجباری شدن حجاب

در حالی‌که تظاهرات زنان تا روز ۱۹ اسفند ۱۳۵۷ ادامه داشت، برخورد
با زنان بی‌حجاب نیز خشن‌تر شد. روز ۱۹ اسفند ۱۳۵۷ کیهان در گزارشی
از تظاهرات زنان نوشت:

«این زن‌ها نسبت به خشونت‌های چند روز اخیر عده‌ای مرتجع و مشکوک
نسبت به زنان بی‌حجاب اعتراض داشتند. تظاهرات زنان از صبح پنج
شنبه به دنبال چندین حمله در نقاط مختلف شهر به زنان بی‌حجاب در
خیابان‌های مسیر دانشگاه تهران شروع شد. که در چند نقطه منجر به
برخورد با کسانی شد که زیر نقاب اسلامی به آنها حمله کردند و حتی
چند تیر هوائی نیز شلیک کردند. زنان معترض دیروز نیز در دانشگاه
تهران اجتماع کردند و طی سخنرانی‌هائی حمله افراد مشکوک به زنان
بی‌حجاب را محکوم کردند اما در ساعاتی که این اجتماع ادامه داشت
عده‌ای با گلوله‌های برف که در آنها سنگ کار گذاشته شده بود زن‌ها را
مورد هجوم قرار دادند. ...در دبیرستان‌های دخترانه تهران نیز امروز جمع
زیادی از دانش‌آموزان برای اعتراض به اعمال فشارهای عده‌ای مشکوک
در خیابان‌های شهر زیر نام طرفدار اسلام در محوطه مدارس خود اجتماع
کردند. درباره تظاهرات روز پنج شنبه خبرگزاری پارس گزارش داد که
عده‌ای گارد انقلابی برای پراکنده ساختن حدود ۱۵ هزار زن که در بیرون
دفتر مهدی بازرگان دست به اعتراض زده بودند اقدام به تیراندازی هوائی
کردند.»[1]

---

[1] روزنامه کیهان، ۱۹ اسفند، ۱۳۵۷ شماره، ۱۰۶۵۷ صفحه ۲

در روز یکشنبه ۲۰ اسفند در سنندج، صدها تن از زنان در یک راه‌-پیمایی، توهین به زنان را محکوم کردند. در اصفهان نیز حدود ۵۰ نفر از زنان کارمند و دانشگاهی و دو تن از قضات زن به دفتر روزنامه‌های کیهان و آیندگان رفتند و به حجاب اجباری اعتراض کردند. آن‌ها گفتند فردا مقابل دانشگاه اصفهان تجمع می‌کنیم.

تظـاهرات زنـان علیـه فرمان حجاب اجباری، ۱۷ اسـفند ۱۳۵۷ (۸ مارس ۱۹۷۹)، تهران. شعار روی پلاکارد: بی‌حجاب و باحجاب علیه شاه جنگیدیم / بی‌حجاب و باحجاب آزادی را پاسداریم

سال ۱۳۵۸ در حالی‌که هنوز قوانین رسمی جمهوری اسلامی ایران، حجاب اجباری را بر زنان تحمیل نکرده بودند، فشارهای غیررسمی و تصمیم‌-های غیرمتمرکز حکومت، برخی زنان را مجبور به استفاده از حجاب اسلامی و برخی دیگر را از حضور در اماکن عمومی و محل کار منع کرد.

رادیو و تلویزیون ایران یکی از اولین اماکنی بود که زنان گوینده و مجری که حاضر به گذاشتن روسری نشدند را اخراج و شماری از دختران باحجاب دبیرستانی را به جای آنها استخدام کرد.[1] بر اساس گزارشی که ۳۰ تیر ۱۳۵۸ در روزنامه کیهان منتشر شد، صادق قطب‌زاده، رییس وقت رادیو و تلویزیون در پاسخ به سوال خبرنگار کیهان مبنی بر اینکه "چرا حتی برای اعلام برنامه هم زنان را کنار گذاشته‌اید؟" گفت: "زنان را کنار نگذاشته‌ایم اما ترجیح دادیم که گوینده‌های جدید تربیت کنیم. هم‌اکنون

---

[1] نیما نامداری، داستان اجباری شدن حجاب در ایران: گام اول، چادر برای عروسک فرنگی، سایت میدان، ۱۳۸۷

مسئولان مشغول تعلیم این عده هستند و به زودی این خانم‌ها روی صفحه تلویزیون ظاهر خواهند شد."[۱]

گزارش‌های منتشر شده از سایر ادارت نیز حاکی از برخوردهای سلیقه‌ای برخی وزارتخانه‌ها نسبت به پوشش زنان است. به گونه‌ای که صادق طباطبایی، سخنگوی دولت در مرداد ماه ۱۳۵۸ از سوی خبرگزاری پارس در رابطه با "فشار بر زنان برای حضور با حجاب در مجامع عمومی و اجبار زنان به سر کردن چادر در برخی ادارات" مورد پرسش قرار گرفت. طباطبایی، این‌گونه برخوردها در رابطه با پوشش زنان را "شایعه" دانست اما در عین حال گفت: "از چند روز گذشته تعدادی اتومبیل و وانت‌بار با بلندگو در شهر گردش می‌کنند و این شایعات را پخش می‌کنند از جمله اینکه می‌گویند در ماه مبارک رمضان خانم‌ها یا نباید سر کار خود حاضر شوند یا با چادر و حجاب سر کار خود بروند. همچنین گفته می‌شود که برخی از وزارتخانه‌ها به کار خانم‌ها خاتمه داده یا به زودی خاتمه خواهند داد و یا در برخی محافل به وسیله اطلاعیه‌هائی شایع کرده‌اند که خانم‌ها و نیز آقایان در صورت عدم رعایت مقررات مذهبی مسئول حفظ جان خود خواهند بود."[۲]

در ادامه همین برخوردها بود که "دایره مبارزه با منکرات" که یکی از وظایف آن برخورد با پوشش زنان و نظارت بر رعایت حجاب اسلامی بود، از سال ۱۳۵۸ آغاز به کار کرد.[۳] این دایره در یکی از نخستین اقدام‌هایش در سال ۱۳۵۹ در آستانه ماه رمضان، به زنان اخطار داد که از پوشیدن "لباس-های جلف و تحریک‌آمیز" خودداری کنند و در غیر این صورت به خاطر "به هم زدن عفت عمومی و ضربه به اخلاق اسلامی تحت تعقیب قرار خواهند گرفت."[۴]

---

[۱] روزنامه کیهان، ۳۰ تیر ۱۳۵۸، شماره۱۰۷۶۲، صفحه ۲

[۲] روزنامه کیهان، ۴ مرداد ۱۳۵۸، شماره ۱۰۷۶۷، صفحه ۳

[۳] نوشین احمدی خراسانی، حجاب و روشنفکران، ناشر: مؤلف، تهران. چاپ اول، ۱۳۹۰ صفحه ۲۱۲

[۴] روزنامه کیهان، ۲۲ تیر ۱۳۵۹، شماره ۱۱۰۴۳، صفحه ۳

اولین بخشنامه‌های دولتی در رابطه با حجاب اسلامی و اجبار زنان به رعایت آن اما در تیر ماه ۱۳۵۹ هم‌زمان با اخطار آیت‌الله خمینی نسبت به اسلامی شدن ادارات صادر شد. در پی این سخنرانی و مهلت ۱۰ روزه آیت‌الله خمینی برای "اسلامی شدن ادارات"، از روز ۱۴ تیر ماه همان سال، ادارات دولتی، مدارس و حتی اماکن عمومی همچون بازار با صدور بخشنامه‌های جداگانه خواستار رعایت حجاب اسلامی از سوی زنان شده و در بسیاری از موارد جزییات نوع پوشش زنان را نیز مشخص کردند.

طرح و رنگ روپوشهای دختران دانش‌آموز تهران اعلام شد

ویتنام آماده برقراری مناسبات سیاسی با آمریکاست

پلیس آمریکا اعلام کرد:

اعلام رنگ و شکل یونیفورم مدارس دخترانه، روزنامه کیهان، ۲ مرداد ۱۳۵۹

مدارس دخترانه نیز هم‌زمان با ادارات، اجباری شدن حجاب اسلامی را اعلام کردند. بر اساس بخشنامه‌ای که در مرداد ماه ۱۳۵۹ صادر شد، دختران دانش‌آموز در سال تحصیلی ۱۳۵۹-۶۰ باید لباسی شامل "روپوش بلند با دو جیب جلو، آستین بلند، شلوار گشاد و روسری" در یکی از رنگ‌های "سرمه‌ای، قهوه‌ای، آبی و کرم" می‌پوشیدند.[1] در سال ۱۳۶۲ آیین‌نامه جدید آموزش و پرورش، شلوار را اجباری کرد و دختران دانش‌آموز را به سرکردن مقنعه "توصیه"[2] کرد. این توصیه در سال‌های بعد تبدیل به یک اجبار قانونی شد و دختران دانشجو را نیز در برگرفت.

در تاریخ پنجم مهرماه سال ۱۳۶۰ نیز مجلس شورای اسلامی با تصویب قانون "بازسازی نیروی انسانی وزارتخانه‌ها و موسسات دولتی و وابسته به دولت"، رعایت حجاب اسلامی در محل کار را الزامی دانست و برای تخلف

[1] روزنامه کیهان، ۲ مرداد ۱۳۵۹، شماره ۱۱۰۵۳، صفحه ۲

[2] روزنامه اطلاعات، ۱۹ شهریور ۱۳۶۲، شماره ۱۱۹۶۲، صفحه ۲

از آن مجازات تعیین کرد. بر اساس مواد ۱۸ تا ۲۰ این قانون که به مدت دو سال اعتبار داشت، "رعایت نکردن حجاب اسلامی یکی از موارد اعمال خلاف اخلاق عمومی شناخته شده و مرتکب آن مشمول قانون بازسازی نیروی انسانی می‌شد و مجازات‌های از توبیخ کتبی با درج در پرونده تا بازخرید، اخراج و انفصال از خدمت در انتظار او بود.

در سال‌های ۱۳۶۲ قانون "هیات‌های رسیدگی به تخلفات اداری" جایگزین این قانون شد و عدم رعایت حجاب اسلامی در بند ۱۳ ماده ۸ آن همچنان یک "تخلف" و مشمول مجازات‌های اداری شناخته شد. پس از یک دوره اجرای آزمایشی این قانون، مجلس شورای اسلامی در هفتم آذر ۱۳۷۲ "قانون رسیدگی به تخلفات اداری" را به تصویب رساند. بر اساس بند ۲۰ ماده ۸ این قانون "رعایت نکردن حجاب اسلامی" در زمره تخلفات اداری محسوب می‌شود و مرتکبان آن مشمول مجازات‌هایی از اخطار کتبی تا اخراج و انفصال دایمی از خدمات دولتی خواهند شد.[1]

---

[1] بر اساس ماده ۹ این قانون تنبیهات اداری به ترتیب زیر عبارتند از: **الف-** اخطار کتبی بدون درج در پرونده استخدامی. **ب-** توبیخ کتبی با درج در پرونده استخدامی. **ج-** کسر حقوق و فوق‌العاده شغل یا عناوین مشابه حداکثر تا یک سوم، از یک ماه تا یک سال. **د-** انفصال موقت از یک ماه تا یک سال. **ه-** تغییر محل جغرافیایی خدمت به مدت یک تا پنج سال. **و-** تنزل مقام و یا محرومیت از انتصاب به پست‌های حساس و مدیریتی در دستگاه‌های دولتی و دستگاه‌های مشمول این قانون. **ز-** تنزل یک یا دو گروه و یا تعویق در اعطای یک یا دو گروه به مدت یک یا دو سال. **ح-** بازخرید خدمت در صورت داشتن کمتر از ۲۰ سال سابقه خدمت دولتی در مورد مستخدمین زن و کمتر از ۲۵ سال سابقه خدمت دولتی در مورد مستخدمین مرد با پرداخت ۳۰ تا ۴۵ روز حقوق مبنای مربوط در قبال هر سال خدمت به تشخیص هیأت صادرکننده رأی. **ط-** بازنشستگی در صورت داشتن بیش از بیست سال سابقه خدمت دولتی برای مستخدمین زن و بیش از ۲۵ سال سابقه خدمت دولتی برای مستخدمین مرد بر اساس سنوات خدمت دولتی با تقلیل یک یا دو گروه. **ی-** اخراج از دستگاه متبوع. **ک-** انفصال دائم از خدمات دولتی و دستگاه‌های مشمول این قانون.

قانون‌گذاری در رابطه با اجبار حجاب اسلامی محدود به ادارات دولتی نماند. در سال ۱۳۶۲ حکومت اسلامی با فراتر رفتن از تحمیل حجاب به زنان با توسل به راهکارهایی همچون اخراج زنان کارمند، ممنوعیت حضور زنان در اماکن عمومی از طریق اطلاعیه‌ها و اخطارها یا برخوردهای خشونت-بار نیروهای رسمی و غیررسمی، به طور مشخص مجازات شلاق را برای آن تعیین کرد.[1]

ارتش اسلام، ارتش سلطه نیست، ارتش هدایت است
اسامی وزارتخانه‌ها و سازمانهایی که کارمندان خود را بازنشسته و بازخرید نمیکنند
حجاب را چگونه باید به ادارات برد؟
کیهان
ورود زنان بدون پوشش اسلامی به ادارات ممنوع شد
نبرد شدید ایران و عراق در ۱۲ نقطه مرزی

ورود زنان بدون پوشش اسلامی به ادارات دولتی ممنوع شد

قوانین مربوط به حجاب

بر اساس ماده ۱۰۲ قانون تعزیرات که در ۱۸ مرداد ۱۳۶۲ به تصویب مجلس شورای اسلامی رسید "زنانی که بدون حجاب شرعی در معابر و انظار عمومی ظاهر شوند به تعزیر تا ۷۴ ضربه شلاق محکوم خواهند شد." این قانون، کمیته‌های انقلاب اسلامی را موظف کرده بود زنانی را که پوشش آنها با این ماده منطبق نباشد، دستگیر و به دادسرا معرفی کنند. پس از آن بود که نیروهای گشت‌های جندالله که ویژه "مبارزه با منکرات" بودند، وظیفه یافتند با گشت‌زنی در سطح شهرها، با زنانی که پوشش آنها بر اساس

[1] برای اطلاعات بیشتر در زمینه روند اجباری شدن حجاب، نگاه کنید به نیما نامداری، سلسله مقالات "داستان اجباری شدن حجاب در ایران"، تارنمای میدان، ۱۳۹۱

معیارهای حکومت نبود، برخورد کنند. این وظیفه پس از انحلال کمیته‌ها از سال ۱۳۷۱ به نیروی انتظامی محول شد.[۱]

گشت‌های جندالله و ثارالله در دهه ۶۰ زنانی را که حجاب کامل اسلامی نداشتند، بازداشت می‌کردند

تا سالها پس از اعلام حجاب اجباری، حکومت همچنان درگیر مساله‌ای به نام بی‌حجابی زنان بود و مقاومت زنان در برابر اجبار حکومت به حجاب اسلامی ادامه داشت. به گونه‌ای که در اطلاعیه‌ای که ۳۱ تیر ۱۳۶۳ از سوی وزارت کشور صادر شد، "زنان بی‌حجاب" هستند که مورد خطاب قرار گرفته اند: "به زنان بی‌حجاب اخطار می‌شود که رعایت عفت عمومی جامعه اسلامی و عواطف مذهبی امت شهیدپرور و همیشه در صحنه را بکنند که در صورت تخلف برخورد قانونی با آن‌ها خواهد شد."[۲]

از سال ۱۳۶۴ به بعد با سرکوب شدید مقاومت زنان در برابر حجاب اسلامی، وقتی دیگر زن بی‌حجابی باقی نمانده بود، اصطلاح "بدحجاب" وارد ادبیات رسمی حکومت شد و چنانکه در روزنامه جمهوری اسلامی آمده، دادستان عمومی تهران در خرداد ماه سال ۱۳۶۴ "دستور بازداشت افراد "بدحجاب" را به کلیه مأمورین انتظامی صادر کرد."[۳] از این سال به

[۱] برای جزئیات بیشتر دربارهٔ قانون‌گذاری در مورد نوع پوشش زنان در جمهوری اسلامی ایران، نگاه کنید به: شادی صدر، مجموعه قوانین و مقررات پوشش در جمهوری اسلامی ایران، انشارات کتاب نیلی، تهران ۱۳۸۸

[۲] نسرین ظهیری، مروری بر سه دهه نظارت بر رفتار و پوشش جامعه، ماهنامه نسیم آنلاین، شماره ۲۰۵۷

[۳] روزنامه جمهوری اسلامی، ۵ خرداد ۱۳۶۴

بعد برخورد با پوشش زنان معطوف به زنانی شد که موهای آن‌ها از زیر روسری یا مقنعه بیرون بود، مانتو و شلوار کوتاه یا تنگ داشتند، آرایش می‌کردند یا دیگر مصادیق مورد نظر حکومت را رعایت نمی‌کردند.

قانون "نحوه رسیدگی به تخلفات و مجازات فروشندگان لباس‌هایی که استفاده از آنها در ملأ عام خلاف شرع است یا عفت عمومی را جریحه‌دار می‌کند" که در سال ۱۳۶۵ تصویب شد نیز با اینکه به صورت رسمی واژه "بدحجاب" را به کار نمی‌برد، "وضع پوشیدن لباس و آرایش" زنان را موجب مجازات می‌داند. بر اساس ماده ۴ این قانون: "کسانی که در انظار عمومی وضع پوشیدن لباس و آرایش آنها، خلاف شرع یا موجب ترویج فساد یا هتک عفت عمومی باشد، توقیف و خارج از نوبت در دادگاه صالح، محاکمه و حسب مورد، به یکی از مجازات‌های مذکور در ماده ۲ محکوم می‌گردند"؛ در ماده ۲ قانون مزبور، این مراحل برای برخورد با متخلفان برشمرده شده بود: "۱. تذکر و ارشاد؛ ۲. توبیخ و سرزنش؛ ۳. تهدید و سرزنش؛ ۴. ده تا بیست ضربه شلاق یا جریمه نقدی از ۲۰ تا ۲۰۰ هزار ریال برای استفاده کننده؛ ۵. بیست تا چهل ضربه شلاق یا جریمه نقدی برای استفاده کنند."

با تصویب قانون مجازات اسلامی در سال ۱۳۷۵ و الغای ماده ۱۰۲ قانون تعزیرات، ماده ۶۳۸ قانون مجازات اسلامی به موضوع پوشش زنان پرداخت. بر اساس تبصره این ماده "زنانی که بدون حجاب شرعی در معابر و انظار عمومی ظاهر شوند به حبس از ۱۰ روز تا دو ماه یا از ۵۰ هزار تا پانصد هزار ریال جزای نقدی محکوم خواهند شد."[1]

---

[1] ماده ۶۳۸ قانون مجازات اسلامی: "هر کس عملاً در انظار، اماکن عمومی و معابر تظاهر به عمل حرامی کند علاوه بر کیفرعمل به حبس از ۱۰ روز تا دو ماه یا ۷۴ ضربه شلاق جریمه می شود و اگر مرتکب عملی شود که نفس آن عمل دارای کیفر نباشد ولی عفت عمومی را جریحه‌دار کند فقط به حبس از ۱۰ روز تا دو ماه یا ۷۴ ضربه شلاق محکوم می‌شود. تبصره: زنانی که بدون حجاب شرعی در معابر و انظار عمومی ظاهر شوند به حبس از ۱۰ روز تا دو ماه یا از ۵۰ هزار تا پانصد هزار ریال جزای نقدی محکوم خواهند شد."

متن ماده ۶۳۸ قانون مجازات اسلامی نیز به قضات اجازه می‌دهد هر کس را که عمل خلاف شرعی انجام می دهد، به ۷۴ ضربه شلاق محکوم کند. بر این اساس، برخی از موارد مربوط به پوشش یا زینت آلات زنان که در چارچوب حجاب قرار نمی‌گیرند، می‌توانند با این ماده، مورد مجازات قرار گیرند.

دیوار نوشته‌ای در محله قیطریه تهران، ۱۳۸۷:
"برابر قانون: بدحجابی = ۲ ماه حبس، برهنگی پا = ۷۴ ضربه شلاق

تعیین رسمی مصادیق "بدحجابی"

برخورد حکومت با پوشش زنان اما فراتر از مصادیق ماده ۶۳۸ قانون مجازات اسلامی است. از سال ۱۳۶۰ به بعد، حضور زنان بدون حجاب اسلامی در اماکن عمومی، اتفاقی است که به ندرت دیده شده و آنچه تحت عنوان برخورد با پوشش زنان اعمال می‌شود، سخت‌گیری حکومت در رابطه با تخلف زنان از آیین‌نامه‌های دولتی است که از میزان کوتاهی و بلندی و تنگی و گشادی مانتوها گرفته تا نوع جوراب و نوشته‌های روی لباس و میزان آرایش زنان را کنترل کرده و با هرگونه پوششی بر خلاف این آیین‌نامه‌ها برخورد می‌کند. به‌گونه‌ای که گاه لباس‌ها و کفش‌هایی که مد روز هستند نیز جزو مصادیق "بدحجابی" اعلام می‌شوند و یا مثلاً پوشیدن پوتین برای زنان ممنوع می‌شود. در برخی از اماکن و یا برای رسیدن به برخی از مشاغل

و پستها، کافی نیست که زنان، حجاب شرعی داشته باشند بلکه باید حتماً چادر[1] نیز سر کنند.

مفهوم "حجاب برتر" نیز در همین دوره ایجاد شد. در تبلیغات دولتی به جای "چادر مشکی" از اصطلاح حجاب برتر استفاده می‌شود. به این ترتیب، حکومت نه تنها زنان را تشویق می‌کرد که حجاب برتر (چادر) بپوشند، بلکه به صاحبان حجاب برتر، موقعیتی ممتاز می‌بخشید که همانطور که بعدها خواهیم دید، به خصوص در استخدام‌های دولتی و یا کسب مقامات عالی مدیریتی، جزو الزامات بود.

مصادیق کلی و عمومی "بدحجابی" نخستین بار در سال ۱۳۶۸ تحت عنوان آیین‌نامه اجرایی "قانون نحوه رسیدگی به تخلفات و مجازات فروشندگان لباس‌هایی که استفاده از آنها در ملأ عام خلاف شرع است یا عفت عمومی را جریحه‌دار می‌کند از سوی "کمیسیون سیاستگذاری در امور اجرایی مبارزه با مظاهر فساد" تصویب شد. پیش از آن، از همان سال‌های نخست پس از روی کار آمدن جمهوری اسلامی ادارات و نهادهای مختلف بارها تحت عنوان آیین‌نامه‌های داخلی مقرراتی برای زنان شاغل در این اماکن تعیین کرده بودند و مدارس و دانشگاه‌های دخترانه نیز ضوابط پوشش مختص به خود را داشتند اما این نخستین بار بود که یک مقرّرات کلی برای شیوه پوشش زنان اعلام می‌شد.

این کمیسیون در تاریخ ۲۵ شهریور ۱۳۷۵ طی مصوبه‌ای دیگر مصادیق لباس‌ها و آرایش "غیرمجاز" را افزایش داد. جزییات استفاده از لوازم آرایش، نوع دوخت و اندازه مانتو، شلوار، جوراب، روسری و کفش و حتی مواردی همچون گردنبند و شال و کمربند و عینک در این آیین‌نامه به دقت طرح

---

[1] چادر پارچه‌ای نیم دایره‌ای شکل و بلند است که سر تا روی پای زنان را می‌پوشاند. اغلب چادرها آستین ندارند و برای نگه داشتن آن از دست یا کش کمک می‌گیرند. پیش از انقلاب و در سال‌های نخست دهه ۶۰ بسیاری از زن‌ها بخصوص در شهرهای کوچک چادرهای رنگی به سر می‌کردند اما با تبدیل چادر مشکی به عنوان نماد ایدئولوژیک حجاب، چادر مشکی جایگزین چادرهای رنگی شد.

شده بود. یک سال بعد، در تاریخ ۱۴ بهمن ۱۳۷۶ شورای عالی انقلاب فرهنگی مقررات عمومی و کلی دیگری را تحت عنوان "اصول و مبانی و روش‌های اجرایی گسترش فرهنگ عفاف" تصویب کرد. مصوبه‌ای که البته هیچ‌گاه به مرحله اجرایی نرسید. پس از آن، شورای فرهنگ عمومی، نهادی وابسته به وزارت ارشاد اسلامی، "راهکارهای اجرایی گسترش فرهنگ و عفاف" را در ۱۳ دی ماه ۱۳۸۴ تصویب کرد. این مصوبه "اعلام حدود و ضوابط قانونی عفاف و ملاک‌های بدحجابی در جامعه به منظور تشخیص مصادیق آن" را بر عهده نیروی انتظامی گذاشت و همچنین نیروی انتظامی را مسئول "برخورد قانونی با افراد بدحجاب" دانست.

ماموران پلیس با گشت- زنی در سطح شهرها زنانی را که حجاب اسلامی کامل را رعایت نکرده‌اند، توبیخ و بازداشت می‌کنند

بر اساس این مصوبه[1] نیروی انتظامی موظف شد "حدود و ضوابط قانونی عفاف و ملاک‌های بدحجابی در جامعه به منظور تشخیص مصادیق آن" را اعلام کند، اتحادیه‌ها، سندیکاها و صنوف را ملزم به "مقابله با بدحجابی" کند و با افراد "بدحجاب" برخورد قانونی داشته باشد. "تذکر به افراد بدحجاب و برخورد با آنها طبق قانونی در اماکن عمومی شهر"، "پیشنهاد لایحه قانونی به مراجع قانونگذار در خصوص رعایت پوشش مناسب در هنگام رانندگی" و "نظارت و کنترل قانونی و اصولی بر وضعیت اماکن تفریحی و عمومی نظیر پارک‌ها، سالن‌های سینما سالن‌ها و اماکن ورزشی،

[1] متن کامل قانون گسترش راهکارهای اجرایی عفاف و حجاب، روزنامه سیاست روز، ۱۹ اردیبهشت ۱۳۸۹

کوهستان‌ها، سواحل دریایی، جزایر، مناطق آزاد تجاری، فرودگاه‌ها، پایانه‌ها" از دیگر وظایف محوله به نیروی انتظامی است. این مصوبه همچنین نیروی انتظامی را موظف به "کنترل و نظارت جدی بر رعایت حدود و ضوابط قانونی عفاف در مجتمع‌های مسکونی، برج‌ها و شهرک‌ها" کرد.

نیروی انتظامی به عنوان یکی از دستگاه‌هایی که اجرای این مصوبه را پیگیری می‌کند، استقرار "گشت ارشاد" در خیابان‌ها و اماکن عمومی را از سال ۱۳۸۶ در دستور کار خود قرار داد و در همین راستا به تعیین مصادیق "بدحجابی" پرداخت. مصادیقی که هر از چندگاهی تغییر می‌کند و در بسیاری از موارد تابع سلیقه ماموران پلیسی است که در خیابان بر نحوهٔ پوشش زنان نظارت می‌کنند. در این طرح پلیس با استقرار خودروها در مناطق پر رفت و آمد شهرها، زنانی که حجاب مورد نظر ماموران پلیس را رعایت نکرده‌اند توبیخ می‌کند و در مواردی با انتقال آنها به داخل خودروهای پلیس، پس از چند ساعت انتظار از آنها تعهد می‌گیرد که از این پس حجاب کامل اسلامی را رعایت کنند. در برخی موارد نیز از اعضای خانوادهٔ زنان بازداشت شده درخواست می‌شود که برای آنها مانتوی بلند و یا لباسی اسلامی‌تر بیاورند. شمار زیادی از این زن‌ها پس از انتقال به پایگاه‌های پلیس و چند ساعت بازداشت آزاد می‌شوند و شماری دیگر، به ویژه آنها که پیش از این سابقه بازداشت به خاطر حجاب را داشته‌اند یا به برخورد پلیس اعتراض کرده‌اند، برای تشکیل پرونده قضایی به دادگاه فرستاده می‌شوند.

با همه این سخت‌گیری‌ها مقاومت زنان در برابر حجاب هیچ‌گاه متوقف نشد. تمرد بسیاری از زنان ایرانی از رعایت حجاب کامل اسلامی ادامه دارد و بازداشت و دیگر برخوردهای خشونت‌آمیز حکومت نیز آنان را مجبور به تن دادن به حجاب کامل اسلامی مورد نظر جمهوری اسلامی نکرده است.

شماری اندک از زنان جوان همچنان در پی یافتن راهکارهایی برای نداشتن حجاب هستند و بدون سر کردن روسری و مقنعه و اغلب با پوشیدن لباس پسرانه به خیابان می‌آیند. گروه دیگر از زنانی که همواره نسبت به داشتن حجاب مقاومت نشان داده و بدون حجاب به اماکن عمومی می‌آیند،

نیز زنان همجنسگرا و ترنسجندر هستند که از سر کردن روسری و مقنعه امتناع می‌کنند و با لباس مردانه، سر کردن کلاه یا تراشیدن موی سر به خیابان می‌آیند. بر اساس تحقیقات ما بسیاری از این افراد با برخورد شدید و خشونت‌بار نیروهای پلیس مواجه شده و بخاطر نداشتن حجاب مورد ضرب و شتم قرار گرفته‌اند.

صــحنه‌ای از فــیلم آفساید: دخترانی کــه با پوشیدن لباس‌های پسرانه قصد ورود بـه اســـتادیوم آزادی را داشتند.

برخی از زنان نیز گاه به قصد حضور در اماکن کاملاً مردانه‌ای همچون استادیوم‌های ورزشی که ورود زنان به آن ممنوع است، لباس مردانه تن می‌کنند. با اینکه در گزارش‌های رسمی، کمتر سندی در این رابطه پیدا می‌شود، اما برخی گزارش‌ها درباره حضور دختران جوانی که با لباس پسرانه به استادیوم‌های ورزشی و اغلب برای تماشای فوتبال رفته‌اند گه‌گاه در رسانه‌ها منتشر می‌شود. فیلم "آفساید"، ساخته جعفر پناهی نیز که در بازی تیم ملی فوتبال ایران و بحرین در تهران فیلمبرداری شده، دربارهٔ دخترانی است که با پوشش پسرانه برای ورود به ورزشگاه آزادی تلاش می‌کنند و در نهایت ۵ نفر از آنها از سوی پلیس دستگیر می‌شوند.

فصل دوم

نقض حقوق زنان به دلیل عدم رعایت قوانین مربوط به حجاب اجباری

در شش سال نخست استقرار جمهوری اسلامی (۱۳۶۳-۱۳۵۷) اخبار بازداشت‌ها و اخراج‌های زنان به دلیل نداشتن حجاب، به طور گسترده‌ای در رسانه‌ها بازتاب داشت و در واقع به عنوان نشانه‌ای از جدیت حکومت جدید برای مقابله با مظاهر غیراسلامی دیده می‌شد. اعتراض و مقاومت زنان در برابر تحمیل اجباری و خشونت‌های اعمال شده علیه آنها به منظور خاموش کردن صداهای مخالف، از جمله دلایل دیگر خبری شدن این مجموعه برخوردها بود. از نیمه دهه ۶۰ تا پایان جنگ و روی کار آمدن دولت اکبر هاشمی رفسنجانی در سال ۱۳۶۸ برخورد با آنچه "بدحجابی" عنوان می‌شد، هنوز ادامه داشت و بر اساس شواهد زنانی که با آنها مصاحبه شده، گشت‌های موسوم به ثارلله و جندالله که وظیفهٔ برخورد با حجاب زنان را بر عهده داشتند، همچنان فعال بودند، اما برخوردهای خشونت‌آمیز آن دوران در تحمیل حجاب اجباری، کمتر بازتاب رسانه‌ای داشته است.

بررسی آماری وضعیت برخوردها با حجاب در دوران ریاست جمهوری اکبر هاشمی رفسنجانی (۱۳۷۶-۱۳۶۸) و محمد خاتمی (۱۳۸۴-۱۳۷۶) نیز به دلیل نبود دسترسی به نشریات کاغذی از یک سو و کمتر شدن بازتاب رسانه‌ای این برخوردها از سوی دیگر، دشوار است. با این همه بر اساس شواهد مبنی بر گفت‌وگو با زنانی که در آن دوران در ایران زندگی می‌کردند، تحمیل حجاب اجباری و نظارت دقیق بر آن هیچ‌گاه متوقف نشده، اما طی این دوره سخت‌گیری‌ها تا حدودی کاهش یافته و نهادها و مقام‌های رسمی نیز تمایل کمتری به اعلام آمار بازداشت‌ها و برخوردها با

زنان به دلیل نوع پوشش‌شان داشتند. در واقع در این دوره با باز شدن نسبی فضای جامعه، برخورد با حجاب زنان در خیابان‌ها کمتر شد و کنترل حجاب اسلامی و مجازات به خاطر آن بیشتر بر عهدهٔ ادارات گزینش و حراست در ادارات دولتی و دانشگاه‌ها گذاشته شد.

از سال ۱۳۸۴ با روی کار آمدن دولت محمود احمدی‌نژاد و تصویب قوانین سخت‌گیرانه بیشتر در زمینهٔ حجاب، برخورد با زنانی که مقررات حجاب را رعایت نمی‌کردند، شدت بیشتری گرفت و گزارش‌دهی رسمی در این زمینه نیز بار دیگر پررنگ شد. آمار ارایه شده در ادامه که بر مبنای اطلاعات اعلام شده از سوی مقامات قضایی و انتظامی جمع‌آوری شده بخش کوچکی از برخوردهای صورت گرفته با زنان به خاطر رعایت نکردن پوشش اسلامی را در این دوره نشان می‌دهند. بر مبنای این آمارها دست‌کم در ۱۰ سال گذشته (۱۳۸۲-۱۳۹۲) بیش از ۳۰ هزار زن در شهرهای مختلف ایران بازداشت شده‌اند. آمارهای رسمی، توبیخ دست‌کم ۴۶۰ هزار و ۴۳۲ زن را تأیید کرده و دست‌کم هفت‌هزار زن مجبور به دادن تعهد برای رعایت حجاب اسلامی شده‌اند. ارسال پرونده حداقل چهار هزار و ۳۵۸ زن به دادسراهای قضایی برای رسیدگی به تخطی آنها از قوانین حجاب، از دیگر آمار اعلام شده در رسانه‌های رسمی جمهوری اسلامی ایران است. این آمار در حالی است که به عنوان نمونه جانشین فرمانده انتظامی تهران بزرگ در خرداد ماه ۱۳۸۶ اعلام کرد که روزانه ۱۵۰ زن به دلیل "بدحجابی" بازداشت و ۱۵۰۰ تن از پلیس تذکر می‌گیرند.[1] بسیاری از آمارهای اعلام شده نیز تعداد بازداشت‌شدگان طی یک مانور چند روزه را اعلام کرده و مشخص نیست که چند مانور در آن سال یا در شهرهای دیگر برگزار شده است. در واقع آمارهای منتشر شده از سوی نهادهای رسمی، فقط نشانگر بخش کوچکی از برخوردهای خشن و ناقض حقوق بشری است که در این زمینه اعمال می‌شود و گزارش‌های

[1] حکم اعدام برای هیچ یک از اوباش صادر نشده است؛ روزنامه اعتماد، ۲۲ خرداد ۱۳۸۶

منتشر شده در رسانه‌های مستقل و شبکه‌های اجتماعی اینترنتی حاکی از آن است که نقض حقوق بشر در این حوزه بسیار گسترده‌تر از آمارهای اعلام شده است.

با وجود خوش‌بینی‌های زیاد برای اینکه در دوره ریاست جمهوری روحانی که در مرداد ۱۳۹۲ به قدرت رسید، برخورد با زنان به دلیل حجاب متوقف شود، گزارش‌های رسمی و همین‌طور شواهد جمع‌آوری شده در این تحقیق نشان می‌دهد که به غیر از یک وقفه دو ماهه قبل و بعد از انتخابات ریاست جمهوری، نقض حقوق زنان در این مورد همچنان ادامه دارد.

۱. نقض اصل عدم تبعیض، حق آزادی عقیده و بیان و برخورداری از امنیت

حجاب اجباری که در ۳۵ سال گذشته از سوی جمهوری اسلامی ایران به زنان ایرانی تحمیل شده است، یکی از بارزترین و فراگیرترین مصادیق تبعیض جنسیتی در این کشور است. زنان به دلیل جنسیت‌شان از انتخاب نوع پوشش دلخواه خود در تمامی اماکن عمومی محروم هستند و مجبورند در قالب چارچوب‌های تعیین شده از سوی حکومت اسلامی که مبتنی بر رعایت حجاب اسلامی (پوشاندن مو و تمامی بدن به غیر از گردی صورت و دو دست از مچ به پایین) لباس بپوشند. لباسی که رنگ و مدل آن نیز همیشه از سوی حکومت کنترل می‌شود و اگر از دیدگاه ماموران پلیس مصداق "خودنمایی و جلب توجه" باشد، با آن برخورد می‌شود. این شیوه برخورد با پوشش زنان، حق آنها را برای آزادی ابراز عقیده‌شان دربارهٔ انتخاب نوع پوشش خود، زیر سوال می‌برد. روش‌های خشونت‌آمیزی که حکومت اسلامی در راستای این اجبار به کار گرفته نیز امنیت و آزادی زنان را به عنوان یک شهروند خدشه‌دار کرده است.

برخورد پلیسی با پوشش زنان، محدود به زنان مسلمان نیست و تمامی زنان ساکن ایران فارغ از اینکه پیروان مذاهب مسیحی، یهودی و زرتشتی به عنوان مذاهب مورد قبول در قانون اساسی ایران باشند یا پیروان مذهب بهایی و بی‌دین، همگی بر اساس موازینی یکسان موظف به رعایت کامل حجاب اسلامی هستند و در صورت سرپیچی از آن مجازات می‌شوند. آناهیتا[1] زن ۳۰ ساله زرتشتی که دو سال پیش از ایران خارج شده و در آمریکا زندگی می‌کند می‌گوید: "هیچ فرق نمی‌کند که مسلمان باشیم یا نباشم. همیشه به ما گفته می‌شود به دلیل اینکه در نظام جمهوری اسلامی زندگی می‌کنیم باید اصول نظام را بپذیریم و حجاب را رعایت کنیم."

او که در هنگام خروج از ایران به دلیل نوع پوشش مورد توبیخ ماموران مستقر در فرودگاه قرار گرفته، ادامه می‌دهد: "در فرودگاه وقتی داشتم از ایران بیرون می‌رفتم حجابم افتاده بود و مامور آنجا گفت که حجابم را رعایت کنم. به او گفتم که من اقلیت مذهبی‌ام. در واقع چون داشتم می‌رفتم بیرون پررو شده بودم و برایم دیگر مهم نبود. آن مامور هم گفت به ما ربطی ندارد و هنوز در خاک ایران هستید. به او گفتم ما در مذهب‌مان حجاب نداریم. او هم جواب داد که برو بیرون حجاب نداشته باش." به گفتهٔ آناهیتا خانواده اقلیت‌های مذهبی از همان زمان دختربچگی مدام به دختران‌شان یادآوری می‌کنند که باید در ملأ عام حجاب داشته باشند تا ضربه بیشتری نخورند. او می‌گوید که در رابطه با برخورد به خاطر حجاب، اقلیت مذهبی بودن هیچ تفاوتی بین آنها و زنان دیگر ایجاد نمی‌کند و اتفاقاً آنها بیشتر از دیگران حجاب را رعایت می‌کردند. این زن زرتشتی اضافه می‌کند: "شاید حتی باورش مشکل باشد اما تعداد زرتشتی‌هایی که توسط گشت ارشاد تذکر گرفتند خیلی خیلی کم بوده، ما از بچگی یاد گرفتیم از خودمون مراقبت کنیم چون همین اقلیت مذهبی بودن ما مساله حساسیت برانگیزی

---

[1] شهادت آناهیتا (اسم مستعار)، عدالت برای ایران، دی ۱۳۹۲

در جامعه بوده که رعایت نکردن حجاب واقعاً پیشکش باشد. چون مشکل اضافه‌تر و بیشتری نمی‌خواستیم."

بر اساس داده‌های این گزارش، برخورد با زنان و توبیخ و بازداشت آنها به خاطر رعایت نکردن حجاب اسلامی که از نخستین ماه‌های پس از پیروزی انقلاب اسلامی آغاز شده، هیچ‌گاه متوقف نشده و تقریبا در تمامی نقاط ایران گزارش شده است.

هرچند تغییرات سیاسی و اجتماعی کشور در شدت و تعداد برخوردها تاثیرگزار بوده اما هیچ‌گاه آن را متوقف نکرده است. آماری که در این گزارش به آنها اشاره شده اگرچه نمی‌تواند تصویری جامع از چگونگی بازداشت زنان به دلیل رعایت نکردن حجاب اسلامی ارائه کند، اما شاهدی بر برخوردهای پلیسی و قضایی با پوشش زنان است و نقض حقوق اولیه شهروندی آنها را به صورت مداوم و سازمان‌یافته نشان می‌دهد.

نگاهی به بازداشت زنان به دلیل عدم رعایت قوانین حجاب در دو دهۀ اول پس از انقلاب ۱۳۵۷

نخستین برخوردهای رسمی خشونت‌آمیز با پوشش زنان در اماکن عمومی در سال ۱۳۵۸ با راه‌اندازی "دایره مبارزه با منکرات" آغاز شد،[1] شدت برخوردهای صورت گرفته از سوی ماموران این دایره به‌گونه‌ای بود که حتی اعتراض برخی مقام‌های دولتی را نیز در پی داشت. به عنوان مثال، صادق قطب‌زاده، وزیر امور خارجه ایران (آذر ۱۳۵۸- مرداد ۱۳۵۹) در اردیبهشت ماه ۱۳۵۹ طی نامه‌ای به دایره مبارزه با منکرات نوشت: "آنچه مورد اعتراض بوده و است، بخشی از اقدامات و فعالیت‌هایی است که

---

[1] نوشین احمدی خراسانی، حجاب و روشنفکران، ناشر: مولف، تهران.چاپ اول، ۱۳۹۰ صفحه ۲۱۲

به نام شما صورت گرفته و در شرایط فعلی نه ضرورت قطعی دارد و نه به مصلحت است...... اعمال زور بدون ارشاد و با روش غلط بستر حقیقی رشد و نمو همه مفاسد است و دیکتاتوری نیز شیوه تباهکاران." [1]

دایرهٔ مبارزه با منکرات در اواخر پاییز ۱۳۵۹ منحل شد و جای خود را به "سازمان امر به معروف و نهی از منکر" داد. بر اساس گزارشی که در روزنامه اطلاعات منتشر شد، یکی از کارکنان دایرهٔ مبارزه با منکرات در یک نشست مطبوعاتی احتمال داد که علت انحلال این دایره "سوءاستفاده-ها و یا خطاهایی باشد که از بعضی کارکنان این دایره سر زده است". او همچنین درباره شیوه مجازات "متهمان دستگیر شده" گفت: "ما به مقررات و ضوابط دادسراها کاری نداریم، بلکه از کتاب "رساله" (تحریرالوسیله) امام عمل می‌کنیم، این رساله در اختیار حجت‌الاسلام انصاریان حاکم شرع که از طرف آقای قدوسی انتخاب شده بود، قرار داشت و مجرمین طبق حکم حاکم شرع مجازات می‌شدند." شنیده‌هایی مبنی بر "اجرای حد شرعی برای زنان باردار و موردی که زنی بر اثر اجرای حد شرعی سقط جنین کرده" از جمله مواردی بود که در این نشست از سوی یکی از خبرنگاران طرح شد، این عضو دایرهٔ مبارزه با منکرات، بدون رد کردن، شلاق زدن زنان گفت: "موردی پیش آمد که زن حامله‌ای محکوم به ۷۰ ضربه شلاق شد، ولی ما با گرفتن وثیقه آن زن را آزاد کردیم و قرار شد دو ماه پس از زایمان، ایشان به اینجا مراجعه کند تا حد شرعی را درباره‌اش جاری کنیم." [2]

با این حال در ۲۹ فروردین ماه ۱۳۶۰ "دادگاه مبارزه با منکرات" بار دیگر راه اندازی شد[3] و گشت‌های مبارزه با منکرات (گشت ثارالله و جندالله)

---

[1] روزنامه اطلاعات، ۳ اردیبهشت ۱۳۵۹

[2] روزنامه اطلاعات، ۱ دی ۱۳۵۹

[3] روشنفکران و حجاب، نوشین احمدی خراسانی، ناشر: مولف، زمستان ۱۳۹۰، صفحه ۲۱۳

نیز از پاییز ۱۳۶۲ به طور رسمی آغاز به کار کردند.[۱] تا قبل از انحلال کمیته و تفویض مسوولیت برخورد با حجاب، این گشت‌ها وظیفهٔ برخورد و بازداشت زنان بی‌حجاب و "بدحجاب" را بر عهده داشتند.

مریم ابدالی[۲]، متولد ۱۳۲۹ که در سال ۱۳۶۰ از طرف نیروی‌های کمیته دستگیر شده می‌گوید:

"تیر ماه سال ۶۰ رفتم از یک فروشگاه در خیابان نادری تهران شیر بخرم. به محض اینکه رسیدم جلوی مغازه دیدم یک ماشینی از گشت‌های کمیته آنجا هستند. یکی از آنها به من گفت برو سوار مینی بوس بشو. بدحجاب هستی. مانتو و شلوار پوشیده بودم و فقط چون روسری‌ام ژورژت بود کمی عقب رفته بود و یک مقدار مویم بیرون بود. اما نه آرایش داشتم و نه موهایم شکل فانتزی مثل جوان‌ها بیرون گذاشته بودم. خیلی ساده بودم. نه گردنم پیدا بود، نه هیچ جایی دیگر بدنم، لباسم هم تنگ یا کوتاه نبود. برای همین گفتم من آمده‌ام برای بچه ۸ ماهه‌ام شیر بخرم، چرا باید سوار مینی‌بوس‌های شما بشوم؟ ولی دیدم حریفش نمی‌شوم و سوار شدم. ما را بردند جایی چشم‌مان را بستند و بعد که پیاده شدیم اصلاً نمی‌دانستیم کجا بود. ما را از یک راهروهای درازی عبور دادند و داخل یک اتاق کردند. در آنجا چشم‌بندها را باز کردند و برای چند ساعت، بدون اینکه بتوانیم به کسی خبر بدهیم آنجا بودیم. در نهایت یک آخوندی آمد و گفت چکار کردی؟ گفتم من آمدم شیر بخرم گفتند سوار شو و من را آوردند اینجا. گفت مویت بیرون بود. می‌دانی فردای قیامت تو را از همین مو آویزان می‌کنند؟ من که حرفی با این آدمها نداشتم بزنم. گفتم ببخشید. دفعه دیگر بهتر رعایت می‌کنم. گفت که باید

---

[۱] روزنامه اطلاعات، ۲۸ آبان ۱۳۶۲

[۲] شهادت مریم ابدالی، عدالت برای ایران، بهمن ۱۳۹۲

تعهد بدهی و یک تعهد هم از من گرفتند و گفتند می‌توانی بروی. وقتی برگشتم همه جلوی در خانه بودند و نگران شده بودند که من این چند ساعت را کجا بوده‌ام."

شدت برخوردهای خشونت‌آمیز با زنان در این دوره به حدی است که برخی مقامات رسمی جمهوری اسلامی نیز گاه به آن اعتراف کرده‌اند. به عنوان مثال محمد حسین صفارهرندی، وزیر فرهنگ و ارشاد اسلامی دولت محمود احمدی‌نژاد طی سال‌های ۱۳۸۴- ۱۳۸۸ در تاریخ فروردین ماه ۱۳۹۰ در نشستی که در دانشگاه آزاد، واحد تهران- شمال برگزار شد، در راستای تخریب برخی اصلاح‌طلبانی که مسیری متفاوت با گذشته خود را پیش رو گرفته‌اند، به اقدامات خشونت‌آمیز آنها در برخورد با زنان بدحجاب اشاره می‌کند. به گفته او :"اکبر گنجی.... آن روزها دنبال دخترهایی می‌گشت که چند تار مو از زلف‌شان بیرون زده و به روی آن‌ها اسید می‌پاشید و این‌که به او اکبر پونز می‌گفتند برای این بود که به پیشانی دخترهای جوانی که پوشش متفاوتی داشتند پونز می‌چسباند."[۱]

اکبر گنجی تا کنون هیچگاه به این اتهام پاسخ نداده است.

آنچه از سال‌های نخست پس از انقلاب تا اواخر دهه ۶۰ گزارش شده، حضور پررنگ گشت‌های ثارالله و نیروهای کمیته در سطح شهرهای مختلف ایران و برخوردهای خشن آنها با نوع پوشش زنان است. برخی گزارش‌های تأیید نشده که در آن دوران دهان به دهان می‌چرخید حاکی از آن بود که حتی مواردی همچون جوراب نازک زنان با برخوردهای شدیدی همچون گذاشتن پای این زنان در کیسه‌هایی پر از سوسک مواجه می‌شد. چنین گزارش‌هایی حتی در صورت شایعه بودن و اجرا نشدن نیز فضای رعب و وحشتی را در جامعه پراکنده بود. به‌گونه‌ای که نه تنها سر نکردن روسری،

---

[۱] اکبر گنجی روی دخترها اسید می‌پاشید، مشرق نیوز، ۳۰ فروردین ۱۳۹۰

بلکه تخطی از موازین حجاب تعیین شده از سوی حکومت نیز برای زنان آسان نبود و می‌توانست پیامدهایی جدی‌تر از تذکر یا برخورد توهین‌آمیز را در پی داشته باشد.

مستند سوئدی- آلمانی که بخشی از آن در یوتیوپ[1] منتشر شده، نشان می‌دهد که چگونه ماشین‌های گشت امر به معروف با حرکت در خیابان‌های شهر زنان بی‌حجاب را متوقف کرده و آنها را وادار به سرکردن حجاب می‌کنند. بازداشت زنانی به دلیل آرایش و نداشتن حجاب کامل از دیگر مواردی است که در این فیلم مستند نشان داده می‌شود. با اینکه آمار مشخصی از بازداشت زنان به خاطر بدحجابی طی دهه ۶۰ و ۷۰ بویژه پس از سال ۱۳۶۰ و اجباری شدن حجاب در اماکن عمومی در دست نیست، اما گزارش‌های منتشر شده در نشریات آن دوران و خاطرات زنانی که طی آن سال‌ها مورد توبیخ و حتی بازداشت ماموران کمیته یا نیروی انتظامی قرار گرفتند حاکی از برخورد سازمان‌یافته و اغلب خشن ماموران با نحوه پوشش زنان است.

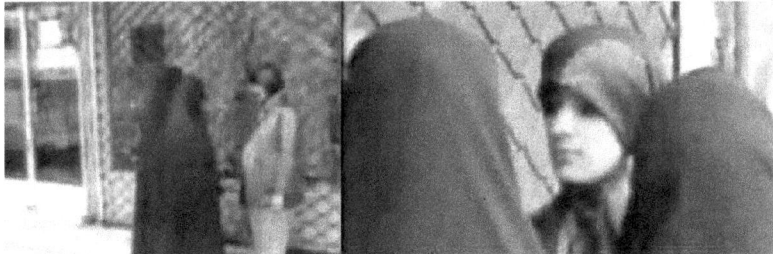

بخشی از فیلم مستند سوئدی- آلمانی، زن بی‌حجابی را نشان می‌دهد که از سوی ماموران گشت امربه معروف مجبور به سرکردن روسری می‌شود

تارنمای صراط نیوز که از سوی محافظه‌کاران تندرو اداره می‌شود، برخورد با پوشش زنان در اواخر دهه ۶۰ را این‌گونه توصیف می‌کند: "پس از پایان جنگ بسیاری از معادلات اجتماعی به هم خورده بود، مد وارد

[1] http://www.youtube.com/watch?v=Il4UBaq8tl8

زندگی مردم شده بود، انواع مانتوهای مختلف که معلوم نبود کجا طراحی می‌شود و مدل موی هانیکویی دیگر برای همه عادی شده بود؛ گشت کمیته که در آن زمان مشخصه آن پاترول و افرادی با ریش و پیراهن‌های یقه بسته و شلوارهای پارچه‌ای بودند که پیراهن‌ها را روی شلوار می‌انداختند و در خیابان‌های تهران مسئولیت مبارزه با این موضوع را داشتند، گاهاً زمزمه می‌شد که فوکل دختران را قیچی می‌کنند و یا پسرانی که پیراهن آستین کوتاه می پوشند را کتک می‌زنند!"[1]

فروردین ۱۳۶۸ شورای عالی قضایی خواستار "برخورد فعال نیروی اجرایی و انتظامی با بدحجابی" شد و در آذر ماه همان سال رئیس قوه قضاییه اعلام کرد که دادگاه‌ها با "بدحجابی" به صورت "قاطع" برخورد خواهند کرد.[2]

مینا، روزنامه‌نگاری که در تهران زندگی می‌کند، درباره چگونگی برخورد با حجاب زنان می‌گوید:

"یکی از روزهای اواخر دهه ۶۰ بود. خیابان ستارخان را به سمت میدان توحید در تهران، پیاده می‌رفتم، نزدیک میدان توحید هر خانمی که به من می‌رسید با اضطراب تذکری می‌داد و سریع می‌گذشت. یکی می‌گفت روسریت رو بکش جلو... یکی می‌گفت روژت رو پاک کن... دارن می‌گیرن... وقتی به میدان توحید رسیدم چیزی را که می‌دیدم، باورم نمی‌شد. تعداد زیادی ماموران کاملاً مسلح و آماده و گارد گرفته دور تا دور میدانی به آن وسعت ایستاده بودند و مینی‌بوس‌هایی هم در ورودی‌های میدان مستقر شده بودند و زنانی را که دستگیر می‌کردند، سوار آنها می‌کردند... واقعاً اگر به من نگفته بودند که موضوع حجاب است، احتمالاً فکر می‌کردم

---

[1] از کمیته تا گشت ارشاد؛ آیا خودرو حریم خصوصی است؟، تارنمای صراط، ۷ خرداد ۱۳۹۲
[2] فراز و نشیب حجاب از سال ۱۳۵۷ تاکنون، تارنمای مهرخانه، ۲۲ تیر ۱۳۹۱

حمله‌ای چیزی شده که این همه مامور با اسلحه در یک میدان شلوغ و پررفت و آمد ایستاده‌اند. آن موقع اتفاقاً مانتوها خیلی ساده و بلند بودند یعنی یک جورهایی مد آن روزها این‌طور بود و چیزهایی که باعث دستگیری می‌شد حتی می‌توانست در حد نپوشیدن جوراب و پوشیدن صندل در تابستان باشد. البته نه با دامن! یعنی کسی اگر مانتو و شلوار هم می‌پوشید ولی جوراب پایش نبود و فقط کمی از مچ به پایین پایش دیده می‌شد، یا روژ لب زده بود احتمال دستگیر شدنش بود."[1]

این‌گونه برخوردها پس از پایان جنگ و در دوران ریاست جمهوری اکبر هاشمی رفسنجانی (۱۳۶۸-۱۳۷۶) به شدت قبل نبود و سخت‌گیری‌ها دربارهٔ حجاب در آن دوران بیشتر معطوف به ادارات دولتی و دانشگاه‌ها بود. با این حال مبارزه با "بدحجابی" همچنان در دستور کار حکومت بود و جزییات طرح جدید "مبارزه با منکرات و بدحجابی" اردیبهشت ۱۳۶۹، چند ماه پس از ریاست جمهوری هاشمی رفسنجانی اعلام شد. یک سال بعد در خرداد ۱۳۷۰ نیز خبر اجرای "طرح مبارزه با بدحجابی و نظارت بر اماکن عمومی" اعلام شد.[2]

میترا شجاعی، ۴۳ ساله‌که در دهه ۶۰ و ۷۰ در تهران زندگی می‌کرد، می‌گوید:

"در دوران پس از جنگ حضور فعال و همیشگی نیروهای کمیته برای بازداشت زنان و دادن تذکر حجاب به آنها کمتر شد و گشت‌های سیاری که در سال‌های نخست دهه ۶۰ در شهر حرکت می‌کردند و با زنان بدحجاب برخورد می‌کردند در اواخر دهه ۶۰ و دهه ۷۰ کمتر دیده می‌شدند. او ادامه می‌دهد که در آن دوران ماموران برخورد با

---

[1] شهادت مینا (اسم مستعار)، عدالت برای ایران، بهمن ۱۳۹۲

[2] فراز و نشیب حجاب از سال ۱۳۵۷ تاکنون، تارنمای مهرخانه، ۲۲ تیر ۱۳۹۱

حجاب بیشتر در جلوی پارک‌ها، سینماها و نقاط مشخصی از شهر مستقر می‌شدند و تمرکز آنها نیز اغلب در شب‌های جمعه بود."[۱]

در دهه ۷۰ به ویژه در دوران ریاست جمهوری محمد خاتمی از سال ۱۳۷۶ برخوردهای خشونت‌آمیز خیابانی با حجاب زنان کاهش یافت، اما با وجود مشی اصلاح‌طلبانه دولت محمد خاتمی، فشار محافظه‌کاران و تندروهای مذهبی برای سخت‌گیری در رابطه با حجاب از سال‌های آخر دوره دوم ریاست جمهوری او شدت گرفت و دست‌کم از سال ۱۳۸۲ شاهد بازداشت زنان و برخوردهای خشن با آنان به دلیل نداشتن حجاب کامل اسلامی و انعکاس آن در رسانه‌ها بودیم. سایت‌ها و وبلاگ‌های فعالان حقوق زنان یکی از مجراهای بازتاب این برخوردها در این دوران بود.

مروری بر آمار ده سالهٔ اخیر زنان بازداشت شده به دلیل عدم رعایت قوانین حجاب اسلامی

برخورد با زنان به دلیل نوع پوشش‌شان از اوایل دهه ۸۰ بار دیگر شدت گرفت و با روی کار آمدن محمود احمدی‌نژاد و تصویب "راهبردهای گسترش فرهنگ عفاف" در شورای عالی انقلاب فرهنگی در سال ۱۳۸۴ شکل سازمان‌یافته‌تری پیدا کرد. آمار ارایه شده در زیر که بر مبنای اطلاعات اعلام شده از سوی مقامات قضایی و انتظامی جمع‌آوری شده بخش کوچکی از برخوردهای صورت گرفته با زنان به خاطر رعایت نکردن پوشش اسلامی را نشان می‌دهد.

بر مبنای این آمار دست‌کم در ۱۰ سال گذشته (۱۳۸۲-۱۳۹۲) بیش از ۳۰ هزار زن در شهرهای مختلف ایران بازداشت شده‌اند. این آمار در حالی است که به عنوان نمونه در سال ۱۳۸۶ از سوی جانشین فرمانده

---

[۱] شهادت میترا شجاعی، عدالت برای ایران، آذر ۱۳۹۲

انتظامی تهران بزرگ اعلام شد که روزانه ۱۵۰ زن فقط در تهران به دلیل نوع پوشش‌شان بازداشت می‌شوند. آمار رسمی همچنین توبیخ دست‌کم ۴۶۰ هزار و ۴۳۲ زن را تأیید کرده و بر اساس آن بیش از هفت هزار زن مجبور به دادن تعهد برای رعایت حجاب اسلامی شده‌اند. ارسال پروندهٔ دست‌کم چهار هزار و ۳۵۸ زن به دادسراهای قضایی برای رسیدگی به تخطی آنها از قوانین حجاب، از دیگر آمار اعلام شده در رسانه‌های رسمی جمهوری اسلامی ایران است.

ماشین‌های گشت ارشاد بـا اســتقرار در نقـاط مختلف شهر، زنانی کـه حجاب کامل ندارنـد را بازداشت می‌کنند

مقامات رسمی ایران برخورد با زنان به خاطر پوشش‌شان را تحت عناوین مختلف عنوان می‌کنند و گاه از آن به عنوان "تذکر لسانی" یا "مشاوره" یاد می‌کنند. بر اساس تجربه زنانی که در خیابان‌های شهرهای مختلف ایران با گشت‌های ارشاد برخورد داشته‌اند، منظور از این "مشاوره‌ها و تذکرهای لسانی"، توبیخ زنان از سوی پلیس به خاطر نداشتن حجاب کامل و الزام زنان به رعایت حجاب اسلامی کامل است. در صورت اعتراض یا بی‌توجهی زنان به این‌گونه توبیخ‌ها و الزام‌ها، قدم بعدی چنان که در گزارش‌های پلیس نیز آمده بازداشت و در مواردی ارسال پرونده به دادسرا است. تجربیات شخصی افرادی که از سوی گشت‌های ارشاد بازداشت شده‌اند حاکی از برخورد تند و تحقیرآمیز نیروهای پلیس است و گزارش‌هایی[1] که

---

[1] نگاه کنید به: صبا آذرپیک، آقای احمدی مقدم شما داوری کنید، روزنامه اعتماد، ۲۶ اردیبهشت ۱۳۸۸

در این زمینه منتشر شده، کمتر نشان از "گفت‌وگو" داشته است. بر اساس یادداشتی که در تارنمای خبرآنلاین منتشرشده، "وضع موجود برخورد گشت‌های ارشاد مطابق شواهد به چشم دیده چنین است: جلوی فرد بدحجاب را در خیابان می‌گیرند. با زور و بگو مگو و برخوردهای تند کلامی او را به داخل اتومبیل‌های گشت ارشاد می‌برند. برخی را با تذکر آزاد کرده و تعدادی را به بازداشتگاه منتقل می‌کنند. سپس به افراد بازداشت شده می‌گویند با پدر و مادرشان تماس بگیرند تا با چادر یا مانتوی بلند بیایند و او را تحویل بگیرند. حال چه بسیارند از بازداشت‌شدگان که جایی قراری داشته‌اند، در پی کاری اضطراری بوده‌اند، یا بیمارند یا ناراحتی قلبی دارند یا مشکلات متعددی که هیچ کدام برای بازداشت‌کنندگان موضوعیت ندارد وآنها تنها باید به دستور مقام بالا عمل کنند."[1]

در ادامه با تشریح برخی آمارهای رسمی ارایه شده در رابطه با بازداشت و توبیخ زنان به خاطر حجاب و همچنین تجربیات مستقیم زنان از این برخوردها، تلاش می‌شود تصویری- هرچند ناکامل- از آزار و اذیت زنان در راستای اجبار آنها به حجاب اسلامی ارائه شود.

۱۳۸۲: ۵۰ بازداشت و ۴۳ حکم قضایی طی سه روز: سال ۱۳۸۲

درحالی‌که همچنان محمد خاتمی، رییس جمهوری اصلاح‌طلب بر سرکار بود و "راهبردهای گسترش فرهنگ عفاف" هنوز به تصویب نرسیده بود، برخوردهای خشونت‌آمیز با زنانی که حجاب کامل را رعایت نمی‌کردند، وارد دور تازه‌ای شد و گزارش‌هایی از ضرب و شتم زنان از سوی ماموران پلیس منتشرشد.

گزارشی که ۲۲ دی ماه ۱۳۸۲ در سایت میدان منتشر شد، تصویر روشنی از شیوهٔ برخورد پلیس در آن زمان ارایه می‌دهد. مسعود شکری در

---

[1] محمدرضا اسدزاده، نتیجه گشت ارشاد و پیشنهادی برای فرمانده ناجا، خبرآنلاین، ۲۷خرداد ۱۳۹۱

گزارشی که از برخورد گشت‌های ارشاد با پوشش زنان در شهر ساری منتشر کرده به "کتک زدن" یک دختر به خاطر بدحجابی در برابر چشم دیگران از سوی نیروهای پلیس اشاره کرده و نوشته است: "حضور بی‌وقفه پلیس در خیابان‌ها، در مدت کوتاهی سبب شد هیچ زن پیاده‌ای در خیابان ظاهر نشود. مگر پیرزنان و دختربچه‌ها یا زن‌هایی که واقعاً پیدا کردن موردی برای گیر دادن به ایشان ناممکن است. اگرچه به چشم خودم دیدم که به مادر ۶۰ سالهٔ یکی از دوستان تذکر دادند و دختر ۱۲ ساله‌ای را بردند."[۱]

آمارهای رسمی که ما به آن دسترسی داشته‌ایم نیز اگرچه بسیار اندک است، اما نشان می‌دهد که بازداشت، گرفتن تعهد از زنان و صدور احکام قضایی به خاطر نوع پوشش در این سال‌ها اعمال می‌شده است. به عنوان مثال، مجتبی علیزاده،[۲] دادرس شعبه۶۴ حوزه‌ی ۴ قضایی مشهد ۲۹ شهریور ۱۳۸۲ اعلام کرد که در یک طرح ضربتی سه روزه در مشهد برای "مبارزه و مقابله با مظاهر علنی فساد"، حدود ۵۰ زن دستگیر شدند که از این تعداد، هفت تن با گرفتن تعهد، به خانواده‌ها تحویل داده شدند و برای ۴۳ تن از آنان حکم صادر شد که از این تعداد حکم هفت تن تعلیقی بود. جزییات این احکام قضایی اما کمتر در رسانه‌ها منتشر می‌شود و شمار زیادی از زنان نیز به دلیل فشار خانواده یا محل کار، از علنی کردن آن خودداری می‌کنند.

۱۳۸۳: ۶۱ بازداشت طی یک ماه: آمارهایی که هر از چندگاه از سوی فرماندهان نیروی انتظامی اعلام می‌شود، نشانگر آن است که بازداشت زنان به بهانه نوع پوشش‌شان هیچگاه به صورت کامل متوقف نشده، به عنوان مثال توکلی، فرمانده انتظامی استان زنجان در شهریور ماه ۱۳۸۳ از

---

[۱] مسعود شکری، تلنگری بر شهری خواب‌آلوده، میدان زنان، ۲۲ دی ۱۳۸۲

[۲] اجرای طرح مبارزه با مظاهر علنی فساد در مشهد، خبرگزاری دانشجویان ایران(ایسنا)، ۲۹ شهریور ۱۳۸۲

بازداشت ۶۱ تن به اتهام بدحجابی طی یک ماه خبر داد و گفت که در این مدت به ۷۶۹ نفر نیز تذکر داده شده است.[۱]

۱۳۸۵: بازداشت دست‌کم ۲۵۰۰ تن طی دو هفته: از سال ۱۳۸۴ با روی کار آمدن دولت اصولگرای محمود احمدی‌نژاد و تصویب قوانین سخت‌گیرانه‌تر در مورد پوشش، آمار بازداشت‌ها و توبیخ‌ها به دلیل حجاب نیز افزایش یافت. به عنوان نمونه رضا زارعی، فرمانده نیروی انتظامی استان تهران ششم تیرماه ۱۳۸۵ از بازداشت تعدادی زن به دلیل بدحجابی طی بازه زمانی ۲۲ اردیبهشت تا چهارم تیرماه ۱۳۸۵ در راستای طرح امنیت اجتماعی خبر داد. او بدون اعلام کردن تعداد بازداشت شدگان گفت ۲۵۰۰ نفر از آنها پس از اخذ تعهد آزاد شدند و بقیه به مراجع قضایی تحویل شدند. او اضافه کرد: "مجموع افرادی که به دلیل بد-حجابی تحویل مراجع قضایی شدند، عمدتاً از مانکن‌هایی بودند که مشکلات حاد داشتند."[۲]

نیروی انتظامی در بسیاری از موارد با دعوت از خبرنگاران سعی در انعکاس وسیع بازداشت زنان به خاطر حجاب دارد

۱۳۸۶: بازداشت روزانه ۱۵۰ زن در تهران: در سال ۱۳۸۶ از یک سو روند آزار و اذیت زنان خاطی از قوانین حجاب از سوی حکومت شدت گرفت و از سوی دیگر گزارش بازداشت و توبیخ زنان به صورت مرتب در

---

[۱] فرمانده انتظامی زنجان خبر داد: دستگیری ۶۱ تن به جرم بدحجابی طی یک ماه، خبرگزاری دانشجویان ایران (ایسنا)، ۲۳ شهریور ۱۳۸۳

[۲] سه هزار و ۶۱ زن ارشاد شدند؛ سایت سازمان زندان‌ها، ۸ تیر ۱۳۸۵، به نقل از: شهرام رفیع‌زاده، کارنامه‌ای پر از ارشاد، پرونده‌ای پر از جرم، ۲۸ فروردین ۱۳۸۷

رسانه‌ها اعلام می‌شد و حتی پلیس از خبرنگاران دعوت می‌کرد تا از مانورهای گشت ارشاد گزارش تهیه کنند.

ساجدی نیا[1]، جانشین فرمانده انتظامی تهران بزرگ در خرداد ماه ۱۳۸۶ اعلام کرد که روزانه ۱۵۰ زن به دلیل"بدحجابی" بازداشت و ۱۵۰۰ تن از پلیس تذکر می‌گیرند. رضا زارعی،[2] فرمانده انتظامی استان تهران نیز اعلام کرد که طی پنج ماه اردیبهشت تا مهر ۱۳۸۶ دست کم ۲۵۹۸ زن به دلیل بدحجابی در استان تهران بازداشت شده‌اند. به گفته او با ۱۷۶ نفر از این افراد "برخورد انتظامی" شده و ۲۴۲۲ نفر به مراجع قضایی ارجاع شده‌اند. او همچنین اضافه کرد که شش هزار و ۹۴۷ تن نیز "در رابطه با بدحجابی به کلاس‌های آموزشی و توجیهی" احضار شدند. این مقام پلیس همچنین اعلام کرد که طی این مدت ماموران انتظامی به ۱۲۲ هزار تن در خصوص بدحجابی تذکر و ارشاد دادند که از این تعداد فقط یک هزار و ۷۱۱ تن مرد بودند.

روزبهانی،[3] رییس پلیس مبارزه با مفاسد اجتماعی ناجا نیز ۲۵ مرداد ماه ۱۳۸۶ بدون آنکه به آمار بازداشت‌شدگان به دلیل "بدحجابی" اشاره کند، گفت که از ابتدای اردیبهشت ماه سال جاری تا کنون، هفت و نه دهم درصد افرادی که در خیابان به دلیل بدحجابی با آنها برخورد شده، به مقر پلیس منتقل شده‌اند، پنج و پنج دهم درصد از آنها با دریافت تعهد کتبی آزاد شدند و دو و نیم درصد نیز به مراجع قضایی منتقل شدند. آمار دیگری که از سوی نیروی انتظامی اعلام شده حاکی از آن است تنها در یک ماه

---

[1] تاکنون حکم اعدام برای هیچ‌یک از اراذل دستگیرشده صادرنشده است. روزانه بیش از ۵۰ کیلو مواد از خودروهای حامل کشف می‌شود، خبرگزاری دانشجویان ایران (ایسنا)، ۲۱ خرداد ۱۳۸۶

[2] رییس پلیس استان تهران گزارش داد: ۷۸ فقره قتل بیشتر حین نزاع و در جریان اختلافات خانوادگی، خبرگزاری دانشجویان ایران (ایسنا)، ۱۸ مهر ۱۳۸۶

[3] سردار روزبهانی خبرداد: تشدید برخورد با کاروان‌های عروسی متخلف، خبرگزاری دانشجویان ایران (ایسنا)، ۲۶ مرداد ۱۳۸۶

پس از آغاز طرح ارتقای امنیت اجتماعی، ۱۴ هزار و ۶۳۵ نفر در ۱۰ استان اصفهان، کردستان، اردبیل، مازندران، گیلان، خراسان شمالی، مرکزی، سمنان، خوزستان، فارس و فرودگاه‌ها و ایستگاه‌های قطار دستگیر شدند و ۶۷ هزار نفر نیز به خاطر پوشش خود تذکر دریافت کردند.[۱]

گزارشی که در سال ۱۳۸۶ در تارنمای میدان منتشر شده نیز حاکی از کتک خوردن یک زن از سوی ماموران گشت ارشاد در تهران است. بر اساس این گزارش زنی که به خاطر نداشتن جوراب از سوی ماموران بازداشت شده بود در کلانتری مورد ضرب و شتم ماموران قرار گرفت و خواهرش که برای آزاد کردن او آمده بود نیز کتک خورد. الناز، خواهر زنی که از سوی ماموران بازداشت شده بود، می‌گوید: "به خواهرم گفتند اگر لباسش را تحویل ندهد شب باید بماند. خواهرم قبول کرد. در این لحظه مامور زنی که داشت با او صحبت می‌کرد از اتاق بیرون رفت و چهار پنج مرد لباس شخصی وارد اتاق شدند. اول توی صورت خواهرم زدند، من به نشانهٔ اعتراض جلو رفتم و شروع کردند به کتک زدن هر دوی ما. حسابی کتکمان زدند. شب را در بازداشتگاه گذراندیم و صبح روز بعد پیش قاضی رفتیم." بر اساس این گزارش "آثار کبودی روی بدن هر دو خواهر دیده می‌شد. همه ناخن‌های الناز شکسته بود و در ناحیه سر و قفسه سینه احساس درد می‌کرد. دو خواهر شکایت کردند و ضرب و شتم آنها توسط پزشکی قانونی تأیید شد."[۲]

۱۳۸۷: بازداشت بیش از سه هزار زن در پنج استان: سال ۱۳۸۷ یک سال مانده به پایان دوره اول ریاست جمهوری محمود احمدی‌نژاد، یکی از شدیدترین دوره‌های برخورد با پوشش زنان بود. به گونه‌ای که فقط

---

[۱] شادی صدر، چرا گشت ارشاد؟!؛ تحلیلی بر نماد و نهاد سیاست‌های جنسیتی دولت نهم، تارنمای میدان زنان، ۵ اردیبهشت ۱۳۸۸

[۲] سارا لقایی، تا حد مرگ کتک‌مان زدند، میدان زنان، ۳۰ بهمن ۱۳۸۶

در استان تهران، طی یک ماه یک هزار و ۹۸ زن به اتهام "بدحجابی" دستگیر شدند. به گفته سرتیپ علیرضا اکبر شاهی،[1] فرمانده نیروی انتظامی استان تهران، ۹۵۴ تن از بازداشت‌شدگان با اخذ تعهد کتبی آزاد، و تعداد ۱۱۴ تن نیز با تشکیل پرونده تحویل مراجع قضایی شدند.

در اصفهان نیز طی دو ماه نخست سال ۱۳۸۷ دست کم ۱۸۰۰ زن بازداشت شدند که ۳۴۱ نفر از آنها تحویل مقامات قضایی شدند و مابقی پس از انتقال به مقر پلیس تحویل ستاد امر به معروف و نهی از منکر اصفهان شدند. امیرعباس صوفی‌وند، فرمانده اطلاعات و امنیت عمومی اصفهان اتهام این افراد را "جریحه دار کردن عفت عمومی و اشاعه ابتذال در جامعه" عنوان کرده بود. نیروی انتظامی همچنین طی یک هفته نخست خرداد ماه همان سال، نزدیک به چهار هزار و یک‌صد نفر را در این استان دستگیر و توبیخ کرد.

فرمانده نیروی انتظامی اصفهان با اعلام این خبر گفته بود که طی دو ماه نخست سال ۱۳۸۷ نیز "بیش از ۱۸۸ هزار نفر مورد توبیخ قرار گرفتند". او بدون تفکیک آمار زنان

نسا، زن جوان لزبینی که در پاییز ۱۳۸۹ به جرم بدحجابی در شهر اصفهان بازداشت شده، در شهادت خود می‌گوید که او را پس از بازداشت در خیابان به یک بازداشتگاه بردند و مردی که او را بازجویی می‌کرد علاوه بر فحش و توهین و بدرفتاری، او را مورد آزار جنسی قرار داد. نسا، ماجرای بازداشتش را اینگونه تعریف می‌کند: "وقتی که رفتم داخل، چون بازداشتگاه خانم‌ها بود، لباس من را در آوردند. مانتو نداشتم، روسری نداشتم، لباس نمی‌شد زیاد باشد. فقط باید یک بلوز تنم می‌بود و یک شلوار. با همان بردند بازجویی. من را بازداشت کردند و بردند داخل و شروع کردند به فحش و بد و بیراه. تا این‌که آن مرد بهم تجاوز کرد؛ البته نه تجاوز جنسی کامل.
من حرف نمی‌زدم، هی بهم می‌گفت تو که خرابی، این‌قدر می‌بری می‌آوری، تو که کارت این است، چرا حرف نمی‌زنی؟ پاشو، حرف بزن. هی هلم می‌داد. بعد آمد موهایم را گرفت و کشید و گفت تو هرزه‌ای، با این موهات هرزگی می‌کنی. دستش را گرفتم که مثلا به من دست نزند، چون موهایم را هم بسته بودم، بلوزم را گرفت و بلوزم پاره شد. من را چسباند به بدن خودش، بیشتر از حس کردن بود. لمس بود. که اگر صحبت نکنی پدری ازت در می‌آورم که مرغ‌های آسمان به حالت گریه کنند و دیگر هیچ کس را نبینی و کسی از استخوان و پوست تو هم خبردار نشود. نمی‌گذاشت من برگردم. اگر می‌خواستم برگردم، می‌زد تو صورتم.
یعنی تنها چیزی که من می‌دانم صدایش بود، دست‌هایش بود." نسا که والدینش در آن زمان ایران زندگی نمی‌کردند با سندی که دوست مادرش گذاشت، به صورت موقت آزاد شد و پس از مدتی در دادگاه محاکمه شد، اما پیش از اعلام نتیجه دادگاه به همراه دوست دخترش از ایران فرار کرد.

از شهادت نسا، عدالت برای ایران، بهمن ۱۳۹۰

---

[1] طرح امنیت اجتماعی بانوان در تهران به اجرا در آمد، خبرگزاری فارس، ۱۲ خرداد ۱۳۸۷

و مردان بازداشت و توبیخ شده، گفت که برخی از این افراد مردانی بودند که به دلیل "ایجاد مزاحمت برای نوامیس مردم" یا صدای بلند موسیقی توبیخ شده‌اند. بازداشت ۴۹ زن و تذکر به ۱۴ هزار و ۵۶۰ تن در استان آذربایجان شرقی، بازداشت ۶۳ زن و تذکر به ۱۸۰۰ تن در استان گلستان و ارجاع ۱۶ تن از دستگیر شدگان این استان به مراجع قضایی از دیگر برخوردهای پلیس با زنان بدحجاب است. در قزوین نیز بنابر اعلام واحد اطلاع رسانی نیروی انتظامی طی یک ماه دست‌کم دو هزار زن به اتهام "بدحجابی" تذکر دریافت کرده، و ۹۵ تن نیز به همین اتهام دستگیر شدند.[1]

۱۳۹۰: ۱۵۰ بازداشت، طی ۴۸ ساعت: برخوردهای ضربتی با حجاب زنان که به نظر می‌رسد با هدف ایجاد رعب و وحشت صورت می‌گیرد، یکی دیگر از شیوه‌های برخورد پلیسی با این مساله است. به عنوان مثال در تیر ماه ۱۳۹۰ دست‌کم ۱۵۰ زن طی ۴۸ ساعت در شهر مشهد بازداشت شدند و چنانکه بهمن امیری مقدم،[2] فرمانده نیروی انتظامی استان خراسان رضوی، اعلام کرد شمار زیادی نیز تذکر گرفتند.

فریده غایب، زن خبرنگار ۳۳ ساله ساکن تهران، یکی از افرادی است که در آذر ماه ۱۳۹۰ از سوی ماموران گشت ارشاد بازداشت شده است. او که در صفحه شخصی‌اش در فیس بوک نیز ماجرای بازداشتش را نوشته است، می‌گوید:

«در میدان ولیعصر با مانتوی مشکی تا زانو، یک شلوار ورزشی که دو خط صورتی کنارش بود، یک کتانی سیاه- صورتی و یک کیف

---

[1] بیژن یگانه، آمارهای تازه از گسترش برخورد با «بدحجابی زنان و مردان» رادیو فردا، ۲۱ آذر ۱۳۹۲

[2] کاهش ۱۸ درصدی جرایم با اجرای طرح ارتقای امنیت اجتماعی در مشهد، خبرگزاری دانشجویان ایران (ایسنا)، ۸ تیر ۱۳۹۰

قرمز که وسایل شنا در آن بود، به طرف استخر می‌رفتم که یک خانم چادری دستم را گرفت و گفت: «خانومی بفرمایین داخل ون تا کارشناسمون ده دقیقه با شما صحبت کنن. رفتم داخل ون. اسم و فامیلمو پرسید. در برخورد اول، جملاتش حاوی خانومی و عزیزم بود. گفتم: "با همین مانتو هزار بار از جلوی شما رد شدم." و جواب داد: "ما هم دچار خطای دید می‌شیم. این بار مچتو گرفتیم." منم دیدم بحث کردن با آنها بی‌فایده است. سکوت کردم و روی آخرین صندلی ون سبز رنگ پلیس امنیت اخلاقی نشستم و نظاره کردم.
دخترها رو پشت سر هم به داخل ون می آوردند. یکی اعتراف کرد که مانتویش کوتاه است. یکی دیگر زار می‌زد و می‌گفت این تیپ کاری من است. یکی دیگر می‌گفت وقت دندانپزشکی دارد و دیرش شده. دختری رو با شوهرش گرفتند. خودش مانتوش کوتاه بود و شوهرش جین پاره پوشیده بود که در بحث‌های داخل ون فهمیدم که [از نظر اینان] جین پاره نماد شیطان پرستی است.
حرف همه این بود که اگر قرار است تعهدی بدهیم الان داخل ماشین تعهد بگیرید و برویم دنبال زندگیمان. اما ظاهراً آنها قصد داشتند ما را به بازداشتگاه وزرا یا همان پلیس امنیت ببرند. من تا زمان حرکت ساکت بودم و تماشا می‌کردم اما آخرین مجرمان بدحجابی سه دختر بودن که مثل گوسفند انداختن‌شان وسط ون، در حالی‌که هیچ صندلی خالی نبود. من اعتراض کردم که خانم این چه وضعشه؟ اگه قراره بیشتر دستگیر کنید چند تا ون بیارید، اما همان خانم‌های پلیس مهربان یک دفعه به من پرخاش کردند که تو چی می‌گی؟ گفتم: "شما دروغگو هستین. چرا اول به بهانه ۱۰ دقیقه مشاوره ما را داخل ون می‌آورید و حالا بعد از یک ساعت معطلی به پلیس امنیت می‌برید؟" خانم رییس پلیس گفت: "حرف اضافه نزن وگرنه هر چی دیدی از چشم خودت دیدی." من گفتم: "هیچ غلطی نمی تونی بکنی." فوری خودکارش را درآورد و در

پرونده‌ام جمله من را نوشت. از آن طرف همکارش با صدای بلند گفت: "همین الان میام گردنتو خورد می‌کنم." و من گفتم: "جرأت داری بیا جلو." خانوم رییس گفت: "به اتهام توهین به پلیس دستگیرت می‌کنیم و چنان حالی ازت بگیریم که خودتم نمی‌تونی تصورش رو بکنی." بعد هم که جوابش را دادم، رییس، کش چادرش را جا به جا کرد و رو به من گفت: "تو آشغالی، تو گستاخی، تو پررویی." و منم همه فحش‌هاش رو تأیید کردم و گفتم: "پررو و گستاخ و آشغالم اما شکر که جای شما نیستم." و توهین‌ها نسبت به من همین طوری زیاد شد.

وقتی به پلیس امنیت منتقل شدیم، ما را به سالن بزرگی بردند که حدود ۸۰ زن جوان متهم به بدحجابی آنجا بودند و مدام افراد جدید به سالن اضافه می‌شدند. دختری را آوردند که جیغ می‌کشید: "من از همتون بدم میاد. من افسرده‌ام و بعده یه ماه از خونه اومدم بیرون که این جوری منو گرفتین. من از همتون بدم می‌آد." و همه اینا رو با جیغ و فریاد می‌گفت. چند دقیقه بعد، دختر دیگری تشنج کرد و پخش زمین شد. تعدادی در حال تحویل دادن موبایل بودند و تعداد دیگر برای اینکه عکس آنها جهت الصاق به پرونده گرفته شود، صف ایستاده بودند. روی یک برگ آ‌چهار با ماژیک سیاه و خیلی درشت اسم و فامیلی و نام پدر و شماره شناسنامه و نوع جرم که بدحجابی بود نوشته می‌شد و متهم باید آن را جلوی سینه‌اش نگه می‌داشت و یک خانم چادری از او عکس می‌گرفت. خیلی از زن‌ها بعد از اینکه خانواده‌شان برایشان مانتو و شلوار گشاد و بلند می‌آورد آزاد می‌شدند.

من را به خاطر اینکه با پلیس درگیر شده بودم، به جای دیگری بردند. یک مامور مرد به نام سروان طیبی به من گفت اگر از ماموران زن عذرخواهی نکنم، آنها از من شکایت می‌کنند و حداقل ۲۴ ساعت بازداشتم و بعد من را به دادسرا ارجاع می‌دن. من هم گفتم که همه

این مراحل را طی می‌کنم اما خودم هم به خاطر توهین مامور پلیس شکایت می‌کنم. سروان طیبی گفت: لجبازتر و یک‌دنده‌تر از تو هم بوده. بیا از مامورها عذرخواهی کن و قالشو بکن." گفتم: "من اصلاً آدم لجبازی نیستم اما پلیسی که واژه اخلاق رو به یدک می‌کشه و معروف شده به پلیس امنیت اخلاقی، چرا باید بی‌اخلاقی کنه؟ منم دوست ندارم طول بکشه اما خب ظاهرن اینا اینطور می‌خواهند و منم از بازداشت نمی‌ترسم." گفت: "یه معذرت‌خواهی فرمالیته که چیزی ازت کم نمی‌کنه. منم در مقابل پلیس‌های زن گفتم آدم مدرنی هستم و اینقدر جرأت دارم که به خاطر تندی برخوردم ازتون عذرخواهی کنم اما شما هم باید از من عذرخواهی کنین. در نهایت پلیس‌های زن هم گفتند که برخوردشان تند بوده و بعد هم زدند به شوخی و خنده که تو معلومه تحصیلکرده‌ای و مدت‌ها در خارج زندگی کردی و منم گفتم: "نخیر خانوم من همیشه ایران بودم و از قواعد و قوانین اینجا هم خوب اطلاع دارم." من با پررو بازی و بدون ارائه مدرک شناسایی و زنگ زدن به خانواده در یک شب سرد پاییزی از پلیس امنیت بیرون اومدم اما آنچه که برام جالب بود و هنوز به یاد دارم تعداد زیاد دخترانی که مسئله دستگیری‌شان شده بود مایه خنده و می‌دانستند که در نهایت بعد از گرفتن یک تعهد آزاد می شوند و بیشترشان به این بازداشت به شکل فان نگاه می‌کردند. هر چند در بین آنها زنانی هم بودند که ترسیده بودند. در زمان بازداشت سخت‌ترین موضوع نوع برخورد ماموران گشت ارشاد بود. آنقدر توهین‌آمیز که انگار با زنی روسپی (که هر چند حق برخورد با زن روسپی هم نباید داشته باشند) مواجه‌اند. انواع و اقسام برچسب‌ها رو زنان پلیس به دخترهای به اصطلاح بدحجاب می‌زنند.

۱۳۹۱: بازداشت در اماکن تفریحی: گزارش‌های رسمی منتشر شده در سال ۱۳۹۱ از برخورد نیروهای انتظامی با زنان به دلیل حجاب‌شان

بیشتر بر برخوردهایی در اماکن تفریحی و فرهنگی متمرکز بوده است. به عنوان مثال در ۲۵تیر ۱۳۹۱خبرگزاری ایسنا گزارش داد که سه نیروی پلیس امنیت، پلیس اماکن و پلیس امنیت اخلاقی با حضور در منطقه فرحزاد تهران قهوه‌خانه‌ها را پلمب و افراد "بدحجاب" را بازداشت کرده‌اند. در ۸ خرداد ۱۳۹۱، ۸۰ غرفه اولین جشنواره غذاهای سنتی ایران در نمایشگاه بین‌المللی تهران به علت "بدحجابی غرفه‌داران" پلمب شد و تعدادی از غرفه‌داران نیز بازداشت شدند.

۱۳۹۲: بیش از پنج هزار بازداشت و ۵۰ هزار توبیخ، فقط در سه استان: با وجود اینکه ایام انتخابات اغلب دوره سهل‌گیری نسبت به حجاب به منظور جلب آرای زنان است، اما در سال ۱۳۹۲ به غیر از یک وقفه دو ماهه در ایام قبل و بعد از انتخابات ریاست جمهوری در خرداد ماه، برخورد با حجاب زنان همچنان از سوی گشت‌های ارشاد پیگیری می‌شد. گزارش‌هایی که از تهران رسیده، اما نشان می‌دهد که شیوه حضور گشت ارشاد و تعدادشان در برخی مناطق شهر تا اندازه‌ای متفاوت شده است. به عنوان مثال نگار، دانشجوی ۲۵ ساله‌ای که در تهران زندگی می‌کند می‌گوید: "گشت ارشاد هنوز هم در خیابان‌ها است اما تعدادشان به زیادی سابق نیست."[1]

اما مهتاب، زن ۳۳ ساله ساکن تهران، بهمن ماه ۱۳۹۲ می‌گوید: "گشت‌های ارشاد همچنان فعال هستند و اتفاقاً دیروز تو ونک تعداد ون‌های پلیس خیلی زیاد بود. فقط ماه اول بعد انتخابات بود که در خیابان حضور نداشتند ولی بعد از آن همچنان هستند. البته حضورشان یک جاهایی کمتر و یک جاهایی بیشتر شده است. ولی در میدان ولیعصر من یک روز در میان می‌بینمشان."[2]

[1] شهادت نگار .الف، عدالت برای ایران، دی ۱۳۹۲
[2] شهادت مهتاب، (اسم مستعار) عدالت برای ایران، دی ۱۳۹۲

لیلا زن جوان ۳۴ ساله‌ای که بهمن ماه ۱۳۹۲ از ایران خارج شده نیز می‌گوید: "با وجود اینکه گشت‌های ارشاد همچنان فعال هستند اما روش کارشان تغییر کرده است. مثلاً در چند ماه اخیر موردهایی بوده که گشت ارشاد در حال حرکت یک دفعه ایستاده و دختری را بازداشت کرده یا به او تذکر داده است. اما از آن طرف ورود ماموران گشت ارشاد به برخی پاساژهای بزرگ ممنوع شده و از صاحبان مغازه‌های پاساژها شنیده‌ایم که قرار شده گشت ارشاد داخل نیاید و فقط در محوطه بیرونی کشیک بدهد."[1]

Photo : Hojat Sepahvand

نیروی انتظامی در سال‌های اخیر شمار زیادی مامور زن به منظور برخورد با زنانی که حجاب را رعایت نمی‌کنند، استخدام کرده است

آنچه در ماه‌های نخست سال ۱۳۹۲ در رسانه‌ها منتشر شده نشان می‌دهد که فقط در سه استان ایران، بیش از پنج هزار زن بازداشت و بیش از ۵۰ هزار زن به خاطر نوع پوشش‌شان توبیخ شده‌اند. بر اساس این گزارش‌ها در استان فارس پنج هزار و یک‌صد زن طی چهار ماه نخست سال به دلیل رعایت نکردن حجاب کامل بازداشت شدند. سیروس سجادیان[2]، فرمانده نیروی انتظامی استان فارس، تیر ماه ۱۳۹۲ با اعلام این خبر بازداشت گفت که طی این چهار ماه به ۵۰ هزار و ۹۰۰ نفر تذکر لسانی داده و افراد بازداشت شده کسانی بودند که "تذکر لسانی را پذیرا

---

[1] شهادت لیلا (اسم مستعار)، عدالت برای ایران، بهمن ۱۳۹۲

[2] روزنامه با طعم تریاک/ ۱۱ کیوسک مطبوعاتی در شیراز پلمب شدند، خبرگزاری فارس، ۹ تیر ۱۳۹۲

نشدند". به گفتهٔ او پلیس همچنین از سه هزار و ۶۰۰ نفر آنان تعهد کتبی گرفته و یک‌هزار و ۴۲۲ مورد نیز به شورای حل اختلاف ارجاع شدند.

در دو استان هرمزگان و سمنان نیز نزدیک به پنج هزار زن به دلیل نوع پوشش‌شان از پلیس تذکر گرفته‌اند. در اردیبهشت ۱۳۹۲، حیدر آسیایی،[۱] دادستان عمومی و انقلاب سمنان از تذکر به ۲۲۸۰ زن بدحجاب در قالب ۳۴ طرح "تذکر زبانی در مقابله با بدحجابی" خبر داد. در آبان ماه همین سال نیز بهرام عزیزی،[۲] رییس پلیس اطلاعات و امنیت نیروی انتظامی استان هرمزگان، گفت که نیروهای تحت امرش طی هفت ماه نخست سال به دو هزار و ۱۷۶ زن به دلیل "بدحجابی" تذکر داده‌اند.

در حالی که وعده‌های انتخاباتی حسن روحانی مبنی بر کاهش فشارها در زمینه برخورد گشت‌های ارشاد،[۳] این انتظار را ایجاد کرده بود که سخت‌گیری‌ها در زمینه حجاب کمتر شود، بر اساس گفت‌وگوهایی که با زنان در داخل ایران انجام شده، حضور گشت‌های ارشاد فقط در دو ماه اول پس از انتخابات کمرنگ شد و پس از آن ماموران پلیس به روال همیشگی خودشان در خیابان‌ها حضور داشته و با تخطی از مقررات حجاب برخورد می‌کنند.

---

[۱] تذکر حجاب به دو هزار و ۲۸۰ زن در سمنان، رادیو زمانه ۲۵ اردیبهشت۱۳۹۲ به نقل از خبرگزاری جمهوری اسلامی (ایرنا)

[۲] دستگیری بیش از ۱۳ هزار متهم در اجرای طرح ارتقای امنیت اجتماعی در هرمزگان، خبرگزاری فارس، ۷ آبان ۱۳۹۲

[۳] حسن روحانی رئیس جمهوری ایران، چند بار در نطق‌های انتخاباتی خود به مسئله حجاب اشاره کرد. از جمله در گفت‌وگو با نشریه "چلچراغ" نظرش را درباره برخوردهای گشت ارشاد با جوانان این‌گونه ابراز کرد: «من قطعاً با این برخوردها مخالفم. اینها حاصل همان قرائت و برداشت خاص از اسلام و قانون اساسی است. خیلی از این برخوردها ناشی از دیدگاهی است که چنین شادی و نشاط‌هایی را گام‌های اولیه به سوی تضعیف عفت عمومی می‌بیند در حالی که به نظر من عفیف بودن چیزی فراتر از داشتن حجاب است».
نگاه کنید به: واگذاری گشت ارشاد به وزارت کشور؛ قدمی مثبت برای زنان؟، دویچه ووله، ۲۰۱۳/۱۱/۱۳ و روحانی: حضور پلیس باید کمتر محسوس باشد، دویچه ووله ۲۰۱۳/۱۰/۹

سخنان اسماعیل احمدی‌مقدم، فرمانده نیروی انتظامی ایران مبنی بر اینکه روی کار آمدن دولت جدید باعث تغییر در طرح امنیت اجتماعی نمی‌شود[1] را نیز می‌توان تاکیدی بر ادامه سیاست‌های کلی جمهوری اسلامی مبنی بر برخورد با رعایت نکردن حجاب اسلامی دانست. اخباری همچون واگذاری مسئولیت طرح "حجاب و عفاف" به وزارت کشور[2] نیز تغییری در شیوه برخورد با حجاب زنان نداده است. به گونه‌ای که در تابستان ۱۳۹۲ ماموران گشت ارشاد با حضور گسترده در محل برگزاری کنسرت‌های موسیقی در تهران از ورود زنان بدون حجاب کامل ممانعت کردند. بر اساس گزارش‌های منتشر شده، در دو کنسرتی که روزهای ۷ و ۱۷ شهریور ماه این سال در برج میلاد تهران برگزار شد،[3] شماری از زنان به بهانهٔ نداشتن حجاب کامل اسلامی بازداشت شدند و شماری دیگر نیز پس از توبیخ از سوی ماموران پلیس اجازه شرکت در کنسرت را پیدا نکردند.

از سوی دیگر خبرگزاری ایسنا در تاریخ ۸ شهریور ۱۳۹۲ از "تشدید" برخورد با پوشش زنان خبر داد و نوشت که بر اساس مشاهدات خبرنگاران این رسانه از سطح شهر تهران "حضور گشت‌های ارشاد در پایتخت به میزان قابل توجهی افزایش یافته و برخورد با بدپوششان تشدید شده است." این گزارش با اشاره به افزایش "قابل توجه" نیروهای پلیس در میادین و اطراف مراکز بزرگ خرید، از"حضور پررنگ ماموران گشت ارشاد در مناطق تفرجی و تفریحی پایتخت همچون فرحزاد، دربند، درکه، لواسان و حتی توچال" برای برخورد با زنانی که حجاب کامل اسلامی را رعایت نمی‌کنند، خبر داد.[4]

---

[1] کسی از گشت ارشاد راضی نیست، رادیو زمانه، ۲۲ تیر ۱۳۹۲

[2] واگذاری گشت ارشاد به وزارت کشور؛ قدمی مثبت برای زنان؟، دویچه وله، ۲۰۱۳/۱۱/۱۳

[3] ادامه تشدید برخورد با بدپوششان در پایتخت، خبرگزاری دانشجویان ایران (ایسنا)، ۱۷ شهریور ۱۳۹۲

[4] آغاز تشدید برخورد با بدپوششان در تهران، خبرگزاری دانشجویان ایران (ایسنا)، ۸ شهریور ۱۳۹۲

نرگس محمدی، فعال حقوق بشر و نایب رییس کانون مدافعان حقوق بشر، در نامه‌ای که به وزیر کشور دولت روحانی نوشت، نسبت به اینکه ماموران انتظامی از ورود او به یک برنامه فرهنگی با عنوان دختران نور و آفتاب در برج میلاد تهران به دلیل آنچه عدم رعایت قوانین حجاب خوانده‌اند، جلوگیری کرده‌اند، اعتراض کرد.[۱]

نقض تعهدات بین‌المللی جمهوری اسلامی درباره عدم تبعیض، حق آزادی عقیده و بیان و برخورداری از امنیت و آزادی

اجباری کردن حجاب برای زنان، یکی از مصادیق بارز تبعیض براساس جنسیت و نقض اصل عدم تبعیض، به عنوان یکی از اساسی ترین حقوق بشر است. در حالی که میثاق بین‌المللی حقوق مدنی و سیاسی در ماده سوم خود بر تعهد دولت‌ها نسبت به تأمین "تساوی حقوق زنان و مردان در استفاده از حقوق مدنی و سیاسی پیش‌بینی شده در این میثاق" تأکید دارد. همچنین در ماده ۲۶ این میثاق آمده است: "کلیه اشخاص در مقابل قانون متساوی هستند و بدون هیچگونه تبعیض استحقاق حمایت بالسویه قانون را دارند. از این لحاظ قانون باید هر گونه تبعیض را منع و برای کلیه اشخاص حمایت مؤثر و متساوی علیه هر نوع تبعیض خصوصاً از حیث نژاد، رنگ، جنس، زبان، مذهب، عقاید سیاسی و عقاید دیگر، اصل و منشاء ملی یا اجتماعی مکنت، نسب یا هر وضعیت دیگر تضمین کند." بازداشت زنان به دلیل نوع پوشش‌شان، به طور آشکار و روشنی در تناقض با این ماده قرار دارد. بازداشت و توبیخ زنان به دلیل نوع پوشش و رعایت نکردن حجاب اسلامی و تحمیل حجاب اجباری بر آنها، نه تنها حق تمامی شهروندان برای مصونیت در برابر تبعیض جنسیتی را نقض کرده بلکه حق آزادی بیان و آزادی عقیده را زیر سوال می‌برد. از جمله این حقوق بنا بر ماده ۱۹ این

[۱] نامه نرگس محمدی به وزیر کشور: کجای حجاب من اشکال داشت؟ تارنمای توانا، ۱۹ شهریور ۱۳۹۲

میثاق این است که: "هیچکس را نمی توان به مناسبت عقایدش مورد مزاحمت اخافه قرار داد و هر کس حق آزادی بیان دارد."

زنان مسلمان، از حجاب به عنوان یک نماد و وظیفه مذهبی یاد می‌کنند و هنگامی که در برخی کشورها همچون فرانسه یا ترکیه از داشتن حجاب اسلامی در برخی اماکن منع می‌شوند به این ممنوعیت تحت عنوان نقض آزادی بیان و عقیده اعتراض می‌کنند. در همین راستا می‌توان نداشتن حجاب را نیز برای پیروان دیگر مذاهب و بی‌دینان نمادی از اعتقادات‌شان به حساب آورد و ممنوعیت بی‌حجابی را نقض حق آزادی بیان و آزادی مذهب دانست. این برخورد حکومت ایران در تناقض با ماده ۱۸ اعلامیه جهانی حقوق بشر قرار دارد که تأکید می‌کند: "هر انسانی محق به داشتن آزادی اندیشه، وجدان و دین است؛ این حق شامل آزادی دگراندیشی، تغییر مذهب [دین]، و آزادی علنی [و آشکار] کردن آئین و ابراز عقیده، چه به صورت تنها، چه به صورت جمعی یا به اتفاق دیگران، در قالب آموزش، اجرای مناسک، عبادت و دیده‌بانی آن در محیط عمومی و یا خصوصی است." همچنین ناقض ماده ۱۹ این اعلامیه است که بر حق انسان‌ها به آزادی "عقیده و بیان" تأکید دارد و می‌گوید: "این حق شامل آزادی داشتن باور و عقیده ای بدون [نگرانی] از مداخله [و مزاحمت] است."

بازداشت زنان به دلیل عدم رعایت مقررات مربوط به حجاب اجباری، همچنین در تناقض با حق برخورداری از آزادی و امنیت فردی است که در ماده ۳ اعلامیه جهانی حقوق بشر به رسمیت شناخته شده است.

۲. نقض اصل ممنوعیت شکنجه و آزار و اذیت

با اینکه بازداشت و صدور احکام قضایی، اشد مجازات تعیین شده برای بی‌حجابی و نداشتن حجاب کامل است و عواقب سنگینی همچون سوءپیشینه‌دار شدن را برای زنان در پی دارد اما برخورد با حجاب زنان در تمامی این سال‌ها هیچ‌گاه محدود به بازداشت و احکام قضایی نبوده و موارد

بسیاری از برخورد فیزیکی نیروهای پلیس نسبت به زنان و کتک زدن آنها در هنگام بازداشت نیز گزارش شده است. این‌گونه برخوردها اغلب در رسانه‌های رسمی و گزارش مقامات قضایی و انتظامی سانسور می‌شوند. کتک خوردن زنان از سوی گشت‌های ارشاد و بازداشت خشونت‌آمیز آنها به بهانه "بدحجابی" در دهه ۸۰ و ۹۰ نیز بارها با دوربین‌های شهروند خبرنگاران ضبط شده و تصاویر آن در شبکه‌های اینترنتی یا تلویزیون‌های ماهواره‌ای خارج از کشور پخش شده است. تصاویر ضبط شده از بازداشت یک زن در خیابان ونک تهران دستگیری خشونت‌آمیز و همراه با دست بند به یک دختر جوان ضرب و شتم یک زن در هنگام بازداشت نمونه‌ای از این برخوردها را نشان می‌دهند.

آنچه گاه در سایت‌های اینترنتی، وبلاگ‌ها و رسانه‌های غیررسمی منتشر شده، نیز وجود چنین برخوردهای خشونت‌آمیزی را تأیید می‌کند. مشاهدات فرزانه ابراهیم‌زاده، خبرنگار که در وبلاگ شخصی‌اش منتشر شده، یکی از نمونه‌های برخورد پلیس با زنان است که اغلب در رسانه‌های رسمی مطرح نمی‌شود. او ۲ شهریور ماه ۱۳۸۷ با اشاره به ضرب و شتم یک دختر جوان از سوی ماموران گشت ارشاد نوشت که ماموران این دختر را که کمتر از ۲۰ سال داشت روی زمین کشیدند، کتک زدند و در حالی که موهایش را می‌کشیدند، او را سوار خودرو گشت ارشاد کردند.[1]

برخورد پلیس با آکان محمدپور، ترنس‌جندر متولد ۱۳۷۶ یکی دیگر از رفتارهای خشونت‌آمیز پلیس با زنانی است که حجاب اسلامی را رعایت نمی‌کنند. آکان محمد پور در شهادت خود می‌گوید در آذر سال ۱۳۸۹ هنگامی که دانشجوی ترم اول در محمودآباد مازنداران واقع در شمال ایران بوده، یک شب که با کاپشن یقه بسته و کلاه بیرون رفته بود، دو نفر از نیروهای بسیج او را متوقف کردند و هنگامی که متوجه می‌شوند مرد نیست،

---

[1] فرزانه ابراهیم زاده، وبلاگ کوپه شماره هفت، ۲ اردیبهشت ۱۳۸۷

با بیسیم به نیروهای پلیس خبر دادند که ماشین بفرستند و بازداشتش کردند. به گفته آکان رفتار آنها بسیار خشن بود و طوری او را در ماشین انداختند که "انگار جانی گرفته بودند."[۱] او می‌گوید که در ابتدا از سوی نیروهای بسیج بازداشت شد، سپس او را به کلانتری انتقال دادند و بعد با ماشین کلانتری به بازداشتگاه زنان بردند و گفتند که او را به خاطر بدحجابی بازداشت کرده‌اند.

در حالی‌که آمارهای ارایه شده از سوی مقامات قضایی و پلیسی، ارجاع پرونده‌های بدحجابی به مراجع قضایی را تأیید می‌کند، جزییات این پرونده‌ها، احکام صادره و شیوه رسیدگی به آنها به ندرت در رسانه‌ها انعکاس داده می‌شود. اما آنچه که جای انکار ندارد، صدور احکام قضایی شامل جریمه نقدی، شلاق و حبس به خاطر نداشتن حجاب یا رعایت نکردن حجاب کامل اسلامی است. مجازاتی که تناسبی با اتهام وارد شده ندارد و فارغ از عادلانه و منصفانه بودن پروسه دادرسی، در مرحله اول نقض حق آزادی شهروندان است.

رایج‌ترین مجازاتی که زنان به خاطر رعایت نکردن حجاب به آن محکوم می‌شوند. جریمه نقدی است. با اینکه آمار مشخصی از جریمه نقدی زنان به دلیل بدحجابی یا بی‌حجابی در دست نیست، اما بر اساس آنچه محمود ذوقی، دادستان عمومی و انقلاب مشهد، روز دوشنبه سوم خرداد ۱۳۸۹ اعلام کرد، زنان به اتهام "بدحجابی" تا مرز یک میلیون تومان نیز جریمه نقدی شده‌اند. به گفتهٔ او مبلغ جریمه‌های مربوط به بدحجابی که پیش‌تر تا سقف ۵۰ هزار تومان و دو ماه حبس بوده، تا مبلغ یک میلیون و ۳۰۰ هزار تومان افزایش یافته است.[۲]

---

[۱] شهادت آکان محمد پور، عدالت برای ایران، بهمن ۱۳۸۹

[۲] جریمه‌های یک میلیون تومانی برای "بدحجابی" در مشهد، بی بی سی فارسی به نقل از خبرگزاری فارس، ۳خرداد ۱۳۸۹

محکومیت نسرین ستوده، وکیل دادگستری و مدافع حقوق بشر به جریمه نقدی به دلیل بی‌حجابی یکی از این نمونه‌ها است. نسرین ستوده که برنده جایزه حقوق بشر ایتالیا شده بود، به دلیل ممنوع‌الخروجی اجازه حضور در مراسم اعطای این جایزه را نیافت. این وکیل دادگستری در فروردین ۱۳۹۰ پیام ویدیویی را که بدون داشتن حجاب ضبط کرده بود، برای پخش در این مراسم فرستاد. دادگاه به دلیل همین مساله او را به اتهام "تظاهر به بی‌حجابی" به پرداخت ۵۰ هزار تومان محکوم کرد.[۱]

دلیل این محکومیت‌ها فقط "بی‌حجابی" نیست و در بسیاری از موارد زنانی که حجاب کامل ندارند و مثلاً بخشی از موی آنها بیرون است، آرایش دارند یا مانتو و شلوارشان تنگ یا کوتاه است نیز به همین مجازات‌ها محکوم می‌شوند.

مهیار ضیایی، ترنس‌جندر، در شهادت خود می‌گوید که او در سال ۱۳۸۰ با لباس پسرانه سوار موتور شده بود که پلیس به خاطر چک کردن گواهینامه او را متوقف کرد. اما پس از آنکه متوجه شد او مرد نیست و زنی است که حجاب ندارد، او را مورد ضرب و شتم قرار داد.
مهیار که در آن زمان ۱۸ سال داشت، می‌گوید: "مامور نیروی انتظامی آمد به بدنم دست بزند ببیند چیزی ندارم چاقو و این‌ها چون تصدیق ندارند کی هستند این‌ها. شناسنامه همراهشان نیست؟! دست زد دید برآمدگی هست و سینه دارم. گفت این برآمدگی چیست اینجا؟ تو دختری؟ گفتم بله. اینجا چه می‌کنی؟ رو موتور چه کار می‌کنی؟ در خیابان بدون مانتو و روسری چه کار می‌کنی؟ گفتم آمده بودم یاد بگیرم. گفت بیخود یاد بگیری. مگر تو نمی‌دانی اینجا آدم این چیزها را یاد نمی‌گیرد. رانندگی چند سال است خانم‌ها می‌توانند یاد بگیرند. دوچرخه سواری هم نه، موتور می‌خواهی یاد بگیری؟ گفت این دختر است یک روسری بفرستید این سرش کند. از توی ماشین یکی لچک یا روسری از کیفش در آورد و گفتند سرت کن. هولم دادند تو ماشین، اصلاً نگذاشتند حرف بزنم، کتک پشت کتک. انقدر توی صورتم زده بودند تو کله‌ام که سر شده بود. حس نمی‌کردم. فقط یک وقت‌هایی می‌دیدم کتک می‌زنند از چپ و راست... می‌گفتند حق نداری بدون مانتو و روسری بیایی. اولاً که باید بروی آزمایش روانی بشوی که ببینیم روانت سالم است؟ به نظر من که یک آدم نرمال بدون مانتو روسری نمی‌آید، وقتی قانون این کشور را می‌داند. بعدش هم ما الان بازداشتت می‌کنیم."

مهیار سه شب در سلول‌های انفرادی بازداشتگاه خیابان چهارم گوهردشت حبس بود و زندانبانان مرد مامور نگهداری از او بودند.

از شهادت مهیار ضیایی،
عدالت برای ایران، بهمن ۱۳۹۰

---

[۱] نسرین ستوده به دلیل "تظاهر به بی‌حجابی" محکوم شد، بی بی سی فارسی، ۳۰ فروردین ۱۳۹۰

طناز، زن جوانی که در سال ۱۳۸۲ به دلیل نداشتن حجاب کامل و آنچه "بدحجابی" گفته می‌شود، بازداشت شد در گفت‌وگو با روزنامه اعتماد ملی[۱] می‌گوید که پس از یک شب بازداشت، به یک‌صدهزار تومان جریمه محکوم شد. او اضافه می‌کند: "از بازداشتگاه تا دادگاه آن یک هفته حالم خیلی بد بود. احساس می‌کردم تازه فهمیدم این همه سال کجا زندگی کردم. دلم برای خودم سوخت. فهمیدم به عنوان یک شهروند تو کشورم هیچی نیستم. حاضر بودم شلاق بخورم اما دیگه تو آن بازداشتگاه برنگردم."

حبس طولانی مدت (۱۰ روز تا دوماه) از دیگر مجازات‌های تعیین شده برای "بی‌حجابی" در قانون مجازات اسلامی است. اما بسیاری از زنانی که حجاب آنها منطبق با مقررات تعیین شده از سوی نهادهای رسمی یا حتی سلیقه ماموران پلیس نیست نیز ممکن است به حبس محکوم شوند. در مواردی که زنان بازداشت شده به رفتار پلیس اعتراض کرده و با او درگیر شوند، احتمال صدور حکم حبس برای آنها بیشتر است.

فعالان حقوق زنانی که در سال اخیر به دلیل فعالیت‌های مدنی‌شان بازداشت و به بند عمومی زندان منتقل شده‌اند، از انتقال شماری از زنان متهم به رعایت نکردن حجاب به بند عمومی زندان اوین خبر داده‌اند.

زینب پیغمبرزاده[۲] که در اردیبهشت ماه سال ۱۳۸۶ بازداشت شده بود، در شهادت خود از ضرب و شتم دو دختر جوان که به خاطر حجاب بازداشت شده بودند، خبر می‌دهد و می‌گوید که در زندان اوین دو دختر جوان رو دیدم که صورت‌شان کاملاً کبود بود. این دو دختر گفته بودند به خاطر اینکه در برابر ماموران گشت ارشاد مقاومت کرده و با آنها درگیر شده بودند، ماموران پلیس آنها را به زیر زمین یک پاسگاه انتقال داده و در آنجا آنها را کتک زده بودند.

---

[۱] شیوا زرآبادی، تجربه زنان از ۳۰ سال حضورگشت ارشاد، روزنامه اعتماد ملی، شماره ۳۸۹۷، صفحه ۱۵، ۳۰ فروردین ۱۳۸۸

[۲] شهادت زینب پیغمبرزاده، عدالت برای ایران، بهمن ۱۳۹۲

فاطمه. دختر ۱۸ ساله‌ای که در سال ۱۳۸۶ به دو ماه حبس به خاطر بدحجابی محکوم شد، یکی دیگر از نمونه‌های صدور حکم حبس به دلیل نوع پوشش است. این دختر جوان بازداشت و انتقالش را به اوین این‌گونه شرح می‌دهد: "مهمانی دعوت بودم و برای درست کردن موهایم به آرایشگاه رفته بودم. جلوی در آرایشگاه منتظر تاکسی تلفنی‌ام بودم و چون می‌خواستم موهایم خراب نشود، شالم را خیلی محکم نکرده بودم که مامورهای گشت ارشاد من را گرفتند. هر قدر هم گفتم که من تاکسی تلفنی خبر کرده‌ام و همین الان می‌روم و چرا من را گرفته‌اید، توجهی نکردند. همان موقع بازداشت شدم و بعد هم حکم زندان دادند." در دادگاه به فاطمه گفتند که اعتراضش به ماموران پلیس و "شلوغ‌کاری‌اش در خیابان" در صدور حکم زندان موثر بوده است.[۱]

فاطمه اما تنها زنی نیست که به خاطر اعتراض به نوع برخورد نیروهای گشت ارشاد به مجازات سنگین محکوم می‌شود. متهم کردن زنان معترض به برخوردهای پلیس به "زنان خیابانی" یا "اراذل و اوباش" و برخورد شدیدتر از شیوه‌های رایج، یکی از ترفندهای پلیس برای ساکت کردن معترضان به طرح گشت ارشاد است.

احمد روزبهانی، رییس پلیس مبارزه با مفاسد اجتماعی نیروی انتظامی ایران در مرداد ماه ۱۳۸۶ مدعی شد بیشتر زنانی که به خاطر بدحجابی به مراجع قضایی معرفی شدند "اراذل و اوباش" بودند، او همچنین اضافه کرد بیشتر کسانی که به خاطر حجاب با ماموران درگیر می‌شوند، "زنان خیابانی" هستند.[۲] روزبهانی در اسفند ماه ۱۳۸۶ نیز اعتراض زنان به برخوردهای نیروهای گشت ارشاد را "حرکتی از قبل سازماندهی شده" برای استفاده

---

[۱] گفت‌وگو با فاطمه، دی ۱۳۸۶، زندان اوین. مریم حسین‌خواه که در سال ۱۳۸۶ به دلیل فعالیت‌های مدنی‌اش در بند عمومی زنان زندان اوین بازداشت بود با فاطمه در زندان اوین گفت‌وگو کرده است.

[۲] تشدید برخورد با کاروان‌های عروسی متخلف، خبرگزاری ایسنا، ۲۶ مرداد ۱۳۸۶

تبلیغاتی عنوان کرد و بار دیگر زنان معترض را مهتم به روسپیگری کرد: "این افراد به محض دستگیر شدن تلاش می‌کنند با معرکه‌گیری از قانون فرار کنند؛ چرا که می‌دانند به محض انتقال آنها به مقر پلیس، بلافاصله هویت و سوابق‌شان آشکار شده و شامل مجازات حد یا پرداخت جریمه می‌شوند؛ از این رو تلاش می‌کنند با این برخوردها و جمع کردن مردم به دور خود از مهلکه فرار کنند."[1]

مرتضی طلایی، فرمانده انتظامی تهران بزرگ نیز اردیبهشت ماه ۱۳۸۶ در چهارمین روز آغاز طرح گشت ارشاد، گفته بود که هدف پلیس از این طرح برخورد با "زنان خیابانی" است. او با طرح این ادعای تکراری که "تنها به افرادی تذکر داده شده و یا برخورد صورت گرفته که به شکل مانکن به خیابان‌ها آمده‌اند"، گفته بود: "برخی از این افراد فریب خورده‌هایی هستند که از کسانی که می‌خواهند مد را در جامعه گسترش دهند، خط می‌گیرند و بعضاً برای این کار پول نیز دریافت می‌کنند."[2]

شلاق زدن زنانی که متهم به بی‌حجابی و بدحجابی بودند نیز از دیگر مجازات‌هایی است که در سال‌های اخیر کمتر خبری از آن منتشر شده است. با این حال گه‌گاه شاهد صدور حکم شلاق برای زنان متهم به بی‌حجابی هستیم. در یکی از آخرین نمونه‌ها، مرضیه وفامهر بازیگر[3] سینما که در سال ۱۳۹۰ بازداشت شده بود، به خاطر بدون حجاب بودن در فیلم "تهران من حراج" به یک سال حبس و ۹۰ ضربه شلاق محکوم شد. دادگاه تجدید

---

[1] اگر هدف گشت ارشاد دستگیری بود، بجای «ون» اتوبوس می‌آورد، خبرگزاری ایسنا، ۱۰ اسفند ۱۳۸۶

[2] سومین روز ارشاد پلیس و چهره‌ای که دگرگون شد، خبرگزاری ایسنا، ۴ اردیبهشت ۱۳۸۵

[3] مرضیه وفامهر تیر ماه ۱۳۹۰ دستگیر و به مدت چهار ماه در زندان قرچک ورامین بازداشت بود. فیلم "تهران من حراج" ساخته گراناز موسوی، فیلمساز ایرانی مقیم استرالیاست و او این فیلم را به عنوان پایان‌نامه تحصیلی خود ساخته است. فیلم داستان یک دختر بازیگر تئاتر است که در یک میهمانی با یک پسر جوان ایرانی ساکن استرالیا آشنا می‌شود و تصمیم می‌گیرد همراه او از ایران برود. این فیلم با مجوز وزارت ارشاد ساخته شده است.

نظر این حکم را به سه ماه و یک روز زندان و یک میلیون و دویست هزار تومان جریمهٔ بدل از شلاق تبدیل کرد. وفامهر در صحنه‌ای از این فیلم با سری تراشیده و بدون حجاب در آن ظاهر شده بود.[1]

نویسنده وبلاگ "نوشیدنی و رویا"[2] نیز در تیر ماه ۱۳۹۱، تجربه شلاق خوردن خواهر ۲۰ ساله‌اش را به خاطر "بدحجابی" نوشته است. به نوشته او، خواهرش پس از تحمل ضربات شلاق، چند روز در بیمارستان بستری بود و پس از آن دچار افسردگی شد، غذا نمی‌خورد، از خانه بیرون نمی‌رفت و در نهایت تصمیم گرفت ایران را به مقصد مالزی ترک کند.

این زن جوان فقط یکی نمونه از افرادی است که به دلیل آزار و اذیت‌های تحمیل شده به زنان برای رعایت حجاب اسلامی، ایران را ترک کرده‌اند. در سال‌های نخست استقرار جمهوری اسلامی نیز شماری از زنان که حاضر به گرفتن عکس باحجاب برای گذرنامه‌هایشان نبودند از داشتن گذرنامه و به تبع آن امکان بازگشت به ایران محروم شدند. در واقع، این گروه از زنان به دلیل مقاومت در پذیرش حجاب اجباری، اوراق هویت و تابعیت ایرانی خود را گاه برای همیشه از دست دادند. خشن بودن برخورد با زنان بی‌حجاب به‌ویژه در دهه اول جمهوری اسلامی یکی از دلایل این زنان برای ترک وطن بود. با اینکه در سال‌های اخیر زنان بی‌حجاب به ندرت با ضربات شلاق مجازات می‌شوند اما در دهه ۶۰ شلاق خوردن زنان به خاطر نداشتن حجاب یا رعایت نکردن حجاب کامل اسلامی یکی از شیوه‌های رایج مجازات زنان خاطی بود.

سارا ۴۷ ساله، نقاش و کارمندی با سابقهٔ ۲۰ ساله یکی از این زنان است که در سال ۱۳۶۸ به اتهام "بدحجابی در انظار عمومی" به ۱۵ضربه

---

[1] اعتراض دولت استرالیا به حکم شلاق مرضیه وفامهر، دویچه ووله، ۲۰ آبان ۱۳۹۰

[2] وبلاگ نوشیدنی و رویا، ۲۱ تیر ۱۳۹۱

شلاق محکوم شد. به نوشته روزنامه اعتماد ملی[1] او در یک آزمایشگاه طبی کار می‌کرد. پس از بگو و مگو با یک فرد لباس شخصی که از او می‌خواست به جای روسری، مقنعه سر کند و روسری‌اش را جلو بکشد، به دادگاه احضار شد. بر اساس این گزارش، ماموران بدون آنکه از او بازجویی کنند، دو شب او را به همراه ۳۰ زن دیگر که بیشترشان در محل کار بازداشت شده بودند، در خانه‌ای بالاتر از پل رومی تهران، که یک خانهٔ مصادره‌ای بود و از آن برای بازجویی متهمان استفاده می‌شد، نگه داشتند. او شب را در یک سالن بزرگ که کفش موکت شده بود سرکرد و پس از دو روز، در همان مکان محاکمه شد. به گفته سارا زنانی که در مهمانی بازداشت شده بودند هر کدام به ۳۰ تا ۴۰ ضربه شلاق محکوم شدند. همان روز، زن جوانی ۱۵ ضربه شلاق را به سارا زد. به گفته سارا: "از روی لباس اما آرام". سارا می گوید دخترهای ۱۴- ۱۵ ساله‌ای هم بین زنان منتظر شلاق خوردن بودند. دخترانی که گریه می‌کردند و خیلی ترسیده بودند.

طاهره دانش[2]، نیز شهادت داده است که یکی از همکلاسی‌هایش در سال ۱۳۶۴ به خاطر بدحجابی بازداشت شد و شلاق خورد. به گفتهٔ او این زن ۱۶ ساله علاوه بر شلاق، مورد ضرب و شتم شدید ماموران نیز واقع شده بود و تا مدت‌ها آثار جراحت‌های وارده بر روی بدنش مشخص بود.

با وجود کمتر شدن مجازات‌هایی همچون شلاق به خاطر نوع پوشش زنان، تشکیل شعبه‌های ویژه حجاب در دستگاه قضایی که در چند سال اخیر شروع به کار کرده‌اند، نشانه‌ای از عزم جدی حاکمیت برای فراتر بردن برخورد با پوشش زنان از سطح تذکر و دستگیری‌های کوتاه مدت است. در حالی‌که متهمان به "بدحجابی" اغلب در دادگاه‌های انقلاب محاکمه می‌شوند،

[1] شیوا زرآبادی، تجربه زنان از ۳۰سال حضورگشت ارشاد، روزنامه اعتماد ملی، شماره ۳۸۹۷، صفحه ۱۵، ۳۰ فروردین ۱۳۸۸

[2] شهادت طاهره دانش، عدالت برای ایران، دی ۱۳۹۲

دست‌کم در دو استان خراسان رضوی و بوشهر تا کنون شعبه‌های قضایی ویژه رسیدگی به بدحجابی تشکیل شده است. بهمن امیری مقدم، فرمانده نیروی انتظامی استان خراسان رضوی، هشتم تیر ماه ۱۳۹۰ از استقرار دو مقام قضایی در کلانتری‌های احمدآباد و سجاد برای "پاسخگویی به جرایم بدحجابی" خبر داد.[۱] در بوشهر نیز، حیدر بحرانی، رییس‌کل دادگستری استان بوشهر در اردیبهشت ماه ۱۳۹۰ از تشکیل شعبه‌های ویژه حجاب در دادسراها خبر داد و گفت کسانی که "به دلایل بدحجابی بازداشت شده و برای آنان پرونده تشکیل شود آینده‌شان دچار مشکل خواهد شد." به گفتهٔ این مقام قضایی ۱۵ پرونده برخورد با بدحجابی در دادسراهای استان در جریان هستند.[۲]

نقض تعهدات بین‌المللی جمهوری اسلامی دربارهٔ منع شکنجه و آزار و اذیت

براساس قانون اساسی جمهوری اسلامی، شکنجه ممنوع است. اما نوع برخورد خشونت‌آمیز با زنانی که به خاطر رعایت نکردن حجاب بازداشت می‌شوند در تناقض با قانون اساسی ایران و نیز ماده ۱۰ میثاق بین‌المللی حقوق مدنی و سیاسی است که می‌گوید: "دربارهٔ کلیه افراد که از آزادی خود محروم شده‌اند باید با انسانیت و احترام به حیثیت ذاتی شخص انسان رفتار کرد." این ماده تأکید دارد: "متهمین جز در موارد استثنایی از محکومین جدا نگاهداری‌خواهند شد و تابع نظام جداگانه‌ای متناسب با وضع اشخاص غیرمحکوم خواهند بود. صغار متهم باید از بزرگسالان جدا بوده و باید در اسرع اوقات ممکن در مورد آنان اتخاذ تصمیم بشود. نظام زندان‌ها متضمن رفتاری با محکومین‌خواهد بود که هدف اساسی آن اصلاح و اعاده حیثیت

[۱] ۱۵۰ بدحجاب و ۷۵ مزاحم نوامیس، سارق و زورگیر دستگیر شده‌اند. خبرگزاری ایسنا، ۸ تیر ۱۳۹۰

[۲] شعب ویژه حجاب تشکیل می‌شود، خبرگزاری ایسنا، ۲۴ اردیبهشت ۱۳۹۰

اجتماعی زندانیان باشد و صغار بزهکار باید از بزرگسالان جدا بوده و تابع نظامی متناسب با سن و وضع قانونی‌شان باشند."

این در حالی است که در رابطه با زنانی که به جرم رعایت نکردن حجاب کامل اسلامی دستگیر و در بازداشت‌گاه‌های موقت نگهداری می‌شوند، موارد مندرج در این ماده رعایت نمی‌شود و آنها اغلب به صورت دست‌جمعی با افراد متهم به مواد مخدر، سرقت و دیگر جرایم نگهداری شده و رفتار توهین‌آمیزی را تحمل می‌کنند. در برخی از موارد نیز افرادی که در انتظار پروسه دادرسی و برگزاری دادگاه هستند، در زندانی که محکومان دیگر در حال طی کردن دوران محکومیت‌شان هستند، نگاهداری می‌شوند.

زنانی که حجاب یا حجاب کامل اسلامی را رعایت نمی‌کنند، در حالی در ایران به شلاق محکوم می‌شوند که بر اساس ماده ۵ اعلامیه حقوق بشر" هیچ‌کس نمی‌بایست مورد شکنجه یا بی‌رحمی و آزار، یا تحت مجازات غیرانسانی و یا رفتاری قرار گیرد که منجر به تنزل مقام انسانی وی شود."، ماده ۷ میثاق بین‌المللی حقوق مدنی و سیاسی نیز تصریح می‌کند: "هیچ‌کس را نمی‌توان مورد آزار و شکنجه یا مجازات‌ها یا رفتارهای ظالمانه یا خلاف انسانی قرار داد."

در حالی‌که ماده ۱۰ اعلامیه حقوق بشر می‌گوید: "هر انسانی سزاوار و محق به دسترسی کامل و برابر به دادرسی آشکار و عادلانه توسط دادگاهی بی‌طرف و مستقل است تا در برابر هر گونه اتهام جزایی علیه وی، به حقوق و تکالیف وی رسیدگی کند." روند دادرسی به برخی پرونده‌های مربوط بـه حجاب نشان می‌دهند که بازداشت، محاکمه و اجرای حکم در یک مکـان و طی یک دورۀ زمانی کوتاه چند روزه برگزار شده‌اند و چنین روندی به نظـر نمی‌رسد که یک دادرسی منصفانه و مبتنی بر آیین دادرسی عادلانه باشد.

۳. نقض حق برخورداری از امنیت روانی

با وجود اینکه به نظر می‌رسد حجاب اجباری به بخشی از زندگی روزمره زنان ایرانی تبدیل شده و گفته می‌شود که زنان به آن عادت کرده‌اند، اما نوشته‌های پراکنده زنان در این رابطه، نشانگر از خدشه‌دار شدن امنیت روانی بسیاری از زنان در اثر برخوردهای پلیسی و خشن با پوشش زنان است.

نمونه‌ای از نقض امنیت روانی زنان به خاطر نحوه برخورد گشت ارشاد را می‌توان در گزارشی که در سایت میدان زنان در این زمینه منتشر شده، مشاهده کرد. آذین، زن ۳۳ ساله، روزنامه‌نگار، که چند بار از سوی نیروهای گشت ارشاد بازداشت شده است، از زمان اجرای طرح دیگر در خیابان احساس امنیت نمی‌کند و می‌ترسد دوباره بازداشت شود.[۱] فریبای ۲۶ ساله نیز که به صورت خشونت‌آمیز به خاطر کوتاه بودن مانتواش بازداشت شده، در این گزارش نوع رفتار نیروهای گشت ارشاد را "رعب‌آور و عذاب‌آور" توصیف می‌کند و می‌گوید: "بعد از این طرح دیگر هیچ وقت در خیابان احساس امنیت نکردم. از پلیس و ماشین پلیس وحشت دارم.[۲]

خدشه‌ای که در اغلب موارد، حضور در فضای عمومی شهر را برای زنان همراه با ترس و ناامنی کرده، موجب اختلال در زندگی روزمره شده و گاه حتی به مرگ یا خودکشی زنان در معرض این برخوردها، انجامیده است. خودکشی هما دارابی در اعتراض به حجاب اجباری و ایست قلبی زن جوانی به نام سارا، پس از بازداشتش از سوی نیروهای گشت ارشاد، نمونه‌هایی از این فشار است که خبر آن در رسانه‌ها منتشر شده است.

بر اساس آنچه روزنامه سرمایه در ۱۰ اردیبهشت ۱۳۸۸ منتشر کرده است: "سارا پرستار کشیک یکی از بیمارستان‌های تهران، پس از آن که

---

[۱] سارا لقایی، مرا پنج بار به جرم تبرج گرفته‌اند. میدان زنان، ۱۲ بهمن ۱۳۸۶

[۲] سارا لقایی، از پلیس و ماشین پلیس وحشت دارم. میدان زنان، ۲۲ دی ۱۳۸۶

ساعت کاری‌اش صبح سوم اردیبهشت ماه ۱۳۸۷ به پایان رسید در راه بازگشت به خانهٔ دانشجویی خود، با یکی از ماشین‌های گشت ارشاد در ده ونک برخورد کرد. ماموران گشت به او تذکر داده و از او می‌خواهند تا روسری خود را جلو بکشد. در این لحظه سارا عصبانی شده و به مامور گشت گفت: "روسری من جلو است، من شب گذشته یک پسر ۲۰ ساله را کد زده‌ام، می‌دانی کد[۱] یعنی چه؟ یعنی مرگ؟ می‌دانی چرا؟ به خاطر مصرف زیاد کراک." سارا با صدای بلند و تند تند شروع به صحبت با ماموران گشت کرده و رو به آنها ادامه داد: "اگر راست می‌گویید بروید و این جوانان معتاد را از خیابان‌ها جمع کنید." مادر سارا مدعی شد که با بالا گرفتن درگیری لفظی بین ماموران گشت و سارا، یکی از ماموران مرد او را به داخل ون هدایت کرد، سارا را به منکرات برده و از چهره‌اش عکسی با پلاکارد روی سینه گرفتند. شب سارا به خانه بازگشت و به مادرش تلفن کرد. به گفتهٔ مادرش سارا حالت روحی بدی داشته و به او اشاره کرده که قلبش درد گرفته است: "او اسم مامور گشت را به من داد و گفت مادر فقط این اسم به خاطرت باشد." سارا همان شب جان سپرد و پزشکی قانونی دلیل مرگ او را ایست قلبی اعلام کرد. با وجود آنکه این مامور پس از شکایت مادر سارا تبرئه شد، اما دو روز پس از این شکایت به شهر دیگری منتقل شد."[۲]

نقض تعهدات بین‌المللی جمهوری اسلامی در رابطه با حفظ امنیت روانی افراد جامعه

سلب آزادی و امنیت زنان به دلیل انتخاب نوع پوشش‌شان در تناقض با ماده ۳ اعلامیه حقوق بشر است که اعلام می‌کند: "هر فردی سزاوار و محق به زندگی، آزادی و امنیت فردی است." برخورد خشونت‌بار برای تحمیل اجباری در بسیاری از موارد امنیت روانی زنان را به خطر انداخته و

[۱] "کد زدن" عملی است که در هنگام مرگ (ایست قلبی) یک بیمار در بیمارستان انجام می‌شود.

[۲] «شکایت مادر سارا از مامور گشت ارشاد». روزنامه سرمایه، ۱۰ اردیبهشت ۱۳۸۸.

حتی مواردی از مرگ و خودکشی در اثر این فشارها گزارش شده است. این برخوردها در تضاد با ماده ۲۲ اعلامیه حقوق بشر است که می‌گوید: "هر کسی به عنوان عضوی از جامعه حق دارد از امنیت اجتماعی برخوردار است."

هما دارابی

هما دارابی، متخصص پزشکی کودکان و روان‌پزشک و از اعضای حزب ملت ایران دوم اسفند ۱۳۷۲ در میدان تجریش تهران اقدام به خودسوزی کرد. اعتراض به حجاب اجباری یکی از دلایل این خودسوزی اعلام شد و گفته می‌شود که هما دارابی قبل از به آتش کشیدن خود، حجابی را که به اجبار بر او تحمیل شده بود از سر برداشت و به آتش کشید.[1] بر اساس گزارش سعید بشیرتاش او پیش از خودسوزی در حالی‌که روسری به سر نداشت، برای مردمی که آنجا جمع شده بودند "در مورد حجابی که به زنان ایرانی تحمیل شده سخن گفت". هما دارابی در سال‌های نخست پس از انقلاب در دانشگاه تهران در رشته روان‌پزشکی کودکان تدریس می‌کرد به دلیل نداشتن حجاب اسلامی از دانشگاه اخراج شده و مطبش نیز به دلیل خودداری از رعایت حجاب تعطیل شده بود.[2]

۴. نقض حق اشتغال

محل کار و به ویژه ادارات دولتی یکی دیگر از فضاهای استراتژی فشار بر زنان برای تحمیل حجاب اسلامی است. طی سه دههٔ اخیر، زنانی که حاضر به رعایت حجاب اسلامی نبودند یا حتی حجاب آنها با مقررات تعیین شده

---

[1] پرویز داورپناه، خودسوزی هما دارابی در اعتراض به حجاب اجباری. گویا نیوز، ۱۹ آذر ۱۳۸۵

[2] سعید بشیرتاش، نسرین ستوده، هما دارابی و حجاب اجباری. روز آنلاین، ۱۸ آذر ۱۳۹۱

از سوی حاکمیت هم‌خوانی نداشت، بهای این تصمیم را با اخراج از محل کار و یا ممانعت از ارتقای شغلی پرداخته‌اند.

اجباری شدن رسمی حجاب در ادارات دولتی از تیر ماه سال ۱۳۵۹، در پی سخنرانی آیت‌الله خمینی و تأکیدش بر لزوم اسلامی شدن ادارات و از بین بردن "نشانه‌های شاهنشاهی از ادارات" آغاز شد. آیت‌الله خمینی در سخنرانی ۸ تیرماه ۱۳۵۹، به دولت ۱۰ روز فرصت داد تا ادارات را اسلامی کند. پس از آن بود که ورود زنان بی‌حجاب از صبح شنبه ۱۴ تیرماه ۱۳۵۹ به ادارات دولتی ممنوع شد.[۱] به عنوان نمونه محمد ری‌شهری، رئیس دادگاه انقلاب ارتش در ۱۰ تیر ماه ۱۳۵۹ به "تمامی فرماندهان یگان‌ها و روسای سازمان‌های نظامی و انتظامی" ابلاغ کرد که "از ورود آن دسته از پرسنل زن که پوشش اسلامی ندارند به اماکن نظامی و سرویس‌های رفت و آمد جلوگیری به عمل آورند."[۲] به گفتهٔ او "تا کنون چندین بار توسط مسئولین امر نسبت به پوشش اسلامی خانم‌های کارمند ارتش جمهوری اسلامی ایران تذکر داده شده ولی متاسفانه برخی از پرسنل زن نسبت به مفاد بخشنامه‌های مزبور بی‌اعتنا بوده و در اجرای آن تعلل ورزیده‌اند."

محمد علی رجائی وزیر آموزش و پرورش نیز ۱۱ تیر ماه ۱۳۵۹ طی بخشنامه‌ای به "کلیه ادارات دولتی و مناطق آموزشی کشور" اعلام کرد که معلمان زن "باید از ظاهر زننده بپرهیزند و پوششی برگزینند که مناسب و در شأن مقام زن در یک جامعه اسلامی و انسانی باشد."[۳] همچنین مهدوی کنی، وزیر کشور در اطلاعیه‌ای "اخطار" داد که "از روز شنبه ۱۴ تیرماه

[۱] داستان اجباری شدن حجاب در ایران: گام آخر، مرگ بر بدحجاب، نیما نامداری، ۲۶ فروردین ۱۳۸۷

[۲] کیهان: ۱۰ تیر ۱۳۵۹ شماره ۱۱۰۳۳ صفحه ۲

[۳] روزنامه کیهان، ۱۱ تیر، ۱۳۵۹ شماره ۱۱۰۳۴، صفحه ۲

۱۳۵۹ کلیه بانوان کارمند باید با پوشش اسلامی و لباس‌های سنگین که مناسب با شئون اسلامی محل کار است در محل خدمت حاضر شوند."[1]

محمد توسلی شهردار تهران نیز از زنان شهرداری تهران خواست در راستای "اجرای مصالح انقلاب اسلامی" از صبح روز شنبه ۱۴ تیر با پوشش اسلامی در محل کار خود حاضر شوند.[2]

تظاهرات زنـان در اعتراض به اجباری شـدن حجـاب در ادارات

همزمان بسیاری از ادارات و وزارت خانه‌ها طی اطلاعیه‌های جداگانه‌ای اجباری شدن حجاب اسلامی را اعلام کردند. علاوه بر این، شورای انقلاب، به ریاست مهدی بازرگان، نخست‌وزیر وقت که پیش از تشکیل مجلس شورای اسلامی، در حکم نهاد قانونگذاری در کشور بود، ۱ تیر ماه ۱۳۵۹ تصمیم گرفت ممنوعیت ورود "زنان بدون پوشش اسلامی" را به ادارات دولتی، اعلام کند.[3] در پی این تصمیم حجت‌الاسلام قدوسی دادستان کل انقلاب در تاریخ ۱۶ تیر ۱۳۵۹ طی اطلاعیه‌ای اعلام کرد:

"بدین وسیله به تمام وزارتخانه ها و موسسات و ادارات تابعه شدیدا اخطار می‌شود چنانچه اثری از انچه مورد تاکید حضرت امام و خواست

[1] روزنامه کیهان، ۱۲ تیر ۱۳۵۹، شماره ۱۱۰۳۵، صفحه ۱

[2] روزنامه کیهان، ۱۲ تیر ۱۳۵۹، شماره ۱۱۰۳۵، صفحه ۲

[3] روزنامه کیهان، ۱۶ تیر ۱۳۵۹، شماره ۱۱۰۳۸، صفحه ۳

ملت ایران است دیده شود یا بانوی کارمندی بدون پوشش اسلامی در محل کار حضور یابد بلادرنگ حقوق و مزایای او قطع خواهد شد."[1]

این تصمیم با مخالفت زنان معترض روبرو شد. روزهای ۱۵ و ۱۶ تیر ماه هم‌زمان با تصمیم شورای انقلاب فرهنگی، شماری از زنان که لباس سیاه بر تن کرده بودند، در مقابل ساختمان نخست وزیری تجمع کردند. در حالی که تجمع روز ۱۵ تیر با حضور ابوالحسن بنی صدر، رئیس جمهور در جمع معترضان و وعده بررسی این مسأله در شورای انقلاب، پایان یافت، تجمع ۱۶ تیرماه با واکنش " هزاران نفر از مردم مسلمان تهران" روبرو شد و زنان مخالف حجاب اجباری، پیش از آنکه موفق به بیان اعتراض‌شان شوند، پراکنده شدند.[2]

سومین روز تجمع در ۱۷ تیر ماه ۱۳۵۹ نیز با دخالت نیروهای دولتی متوقف شد و دست کم هشت نفر از کسانی که "محرکین اصلی" تجمع عنوان شدند، دستگیر شدند.[3]

در پی شکست اعتراضات خیابانی، زنان مخالف حجاب اجباری تصمیم گرفتند با پوشیدن لباس سیاه اعتراض خود را به این اجبار اعلام کنند. اما این شیوه نیز با برخورد حکومت مواجه شد، به گونه‌ای که روزنامه کیهان مورخ ۱۸ تیرماه ۱۳۵۹ از اخراج ۱۳۱ نفر از زنان کارمند یگان‌های مختلف ارتش و شهربانی که با لباس سیاه در محل کار حاضر شده بودند خبر داد.[4]

گزارشی دیگر در ۲۲ تیرماه ۱۳۵۹ نیز حاکی از اخراج زنان سیاه‌پوش از بانک مرکزی دارد.[5] با این حال، هنوز شماری از زنان بدون حجاب اسلامی

---

[1] روزنامه کیهان، ۱۶ تیر ۱۳۵۹، شماره ۱۱۰۳۸، صفحه۱۳

[2] روزنامه کیهان، ۱۷ تیر ۱۳۵۹، شماره ۱۱۰۳۹، صفحه ۱۳

[3] روزنامه کیهان، ۱۸ تیر ۱۳۵۹، شماره ۱۱۰۴۰، صفحه ۲

[4] روزنامه کیهان، ۱۸ تیر ۱۳۵۹، شماره ۱۱۰۴۰، صفحه ۳

[5] روزنامه کیهان، ۲۲ تیر ۱۳۵۹، شماره ۱۱۰۴۳، صفحه ۱۰

در محل کار حاضر می‌شدند و خبر اخراج آنها در نشریات منتشر می‌شد. فقط طی پنج روز- ۱۸ تا ۲۲ تیر ماه ۱۳۵۹- سه زن از بانک مرکزی[۱]، ۱۳۹ زن از ارتش[۲] و ۴۳ پرستار در مسجد سلیمان[۳] به دلیل نداشتن حجاب اسلامی از کار اخراج شدند.

اجباری شدن حجاب اسلامی همچنین شمار زیادی از زنان هنرمند را به حاشیه راند و در مواردی آنها را به طور کامل از صحنه حذف کرد. با این حال بودند زنانی که به جای ترک صحنه یا پذیرفتن حجاب اسلامی، با پوشش دلخواه خود جلوی دوربین رفتند. سوسن تسلیمی یکی از زنان هنرمندی است که به خاطر تن ندادن به این اجبار علاوه بر ممنوع‌الکار شدن و توقیف فیلم‌هایش در نهایت مجبور به ترک ایران شد. او تنها بازیگر زن سینمای پس از انقلاب ایران بودکه بدون حجاب در فیلم‌های "چریکه‌ی تارا" (۱۳۵۷) و "مرگ یزدگرد" (۱۳۵۸) به کارگردانی بهرام بیضایی بازی کرد. هر دوی این فیلم‌ها توقیف شدند.[۴]

سوسن تسلیمی، بدون حجاب، در فیلم "چریکه‌ی تارا"، ۱۳۵۷

[۱] روزنامه کیهان، ۲۲ تیر ۱۳۵۹، شماره ۱۱۰۴۳، صفحه ۱۰

[۲] روزنامه کیهان، ۱۸ تیر ۱۳۵۹، شماره ۱۱۰۴۰، صفحه ۳

[۳] روزنامه کیهان، ۱۹ تیر ۱۳۵۹، شماره ۱۱۰۴۱، صفحه ۱۵

[۴] "موی زن ایرانی" در گفت‌وگو با سوسن تسلیمی، صدای آلمان، ۱۰ دی ۱۳۸۲

با همه این فشارها، شماری از زنان همچنان در اماکن عمومی از داشتن حجاب اسلامی سرباز می‌زدند. به گونه‌ای که محمدتقی سجادی، نماینده دادستان کل انقلاب در دادگاه مبارزه با منکرات در خرداد ۱۳۶۰ با اخطار به زنان بی‌حجاب، گفت: "به آن دسته از زنانی که هنوز بعد از سه سال که از انقلاب شکوهمند اسلامی ما می‌گذرد و در این شرایط جنگ تحمیلی که تعدادی از پاک‌ترین جوانان این مرز و بوم حتی از ایثار جان خود دریغ ندارند هنوز تحت تاثیر فرهنگ منحط شاهنشاهی می‌باشند اخطار می‌شود که رعایت پوشش و حجاب مناسب را نمایند و از پوشیدن لباس‌های جلف و آرایش‌های تند و غلیظ خودداری کنند."[۱]

در آن زمان هنوز حجاب اسلامی در معابر و اماکن عمومی اجباری نشده بود، اما با زنانی که بدون حجاب در ادارات حاضر می‌شدند، برخورد می‌شد و گزارش برخورد دادگاه‌های انقلاب با زنانی که بی‌حجاب بر سر کار حاضر شده بودند در روزنامه‌ها منتشر می‌شد. فشار بر زنان کارمند، از سال ۱۳۶۰ ساز و کار سیستماتیک‌تری پیدا کرد. "قانون بازسازی نیروی انسانی وزارتخانه‌ها و مؤسسات دولتی و وابسته به دولت" که در مهر ماه ۱۳۶۰ به تصویب مجلس شورای اسلامی رسید، اخراج زنان به دلیل "عدم رعایت حجاب" را قانونمند کرد. بر اساس مواد ۱۸ تا ۲۰ این قانون، عدم رعایت حجاب اسلامی به عنوان یکی از موارد خلاف اخلاق عمومی شناخته شده و مرتکب آن مشمول قانون بازسازی نیروهای انسانی می‌شد و مجازات‌هایی از توبیخ کتبی با درج در پرونده، تا بازخرید، اخراج و انفصال از خدمت در انتظار او بود.

با اینکه انتشار اخبار اخراج‌ها در رسانه‌ها کاهش پیدا کرده بود، اما زنان متخلف از قوانین حجاب همچنان اخراج می‌شدند. اخراج نسترن حسنی‌زاده، معلم ناحیه دو اهواز یکی از این نمونه‌ها است. این معلم اهوازی بر اساس حکم "کمیسیون سالم‌سازی آموزش و پرورش خوزستان" در ۱۱

---

[۱] روزنامه کیهان، ۱۳ خرداد ۱۳۶۰، شماره ۱۱۲۹۹، صفحه ۱۰

آبان ۱۳۶۰ اخراج شد. بر اساس این حکم او به "ترویج بی بند و باری و فساد اخلاقی که نمونه بارز آن عریان شدن در مجامع عمومی و رسانه‌های گروهی- به عنوان نمونه قهرمان شنا- و ادامه بی بند و باری پس از پیروزی انقلاب" متهم شد.

شماره ۲۰۲
بنام خدا
خانم نسترن حسنی زاده آموزگار دبستان ناحیه ۲ اهواز
پاسخ بنامه مورخه ۶۰/۷/۱۹ که باین کمیسیون واصل گردیده با بررسی که از سوابق شما بعمل آمد موارد اتهام شما بشرح ذیل اعلام میگردد:
۱ـ ترویج بیبندو باری وفساد اخلاق که نمونه بارز آن عریان شدن درمجامع عمومی ورسانه های گروهی (بعنوان نمونه قهرمان شنا و....) ه
۲ـ ادامه بی بند باری پس از پیروزی انقلاب ه
کمیسیون بازسازی آموزش وپرورش خوزستان

حکم اخراج نسترن حسنی‌زاده، از آموزش و پرورش به دلیل رعایت نکردن حجاب

علاوه بر این شماری از زنان نیز به خاطر حفظ موقعیت شغلی همسران‌شان و اخراج نشدن آنها از کار مجبور به رعایت حجاب اجباری شدند. به عنوان مثال بهجت حمیدی[1] می‌گوید که او تا سال ۱۳۶۰ بدون رعایت حجاب و سر کردن روسری به خیابان و اماکن عمومی می‌رفت و رانندگی می‌کرد. اما با زیاد شدن فشارها در محل کار همسرش و تهدید همسرش به بازخرید شدن، مجبور شد به سر کردن روسری تن دهد.

در سال ۱۳۶۳، دادستانی عمومی تهران بار دیگر طی اطلاعیه‌ای به کلیه مسئولان در ادارات، سازمان‌های دولتی، شرکت‌ها و سایر واحدهای اداری خصوصی و دولتی، اماکن عمومی از قبیل هتل‌ها، مسافرخانه‌ها، تالارها و باشگاه‌های برگزار کننده مجالس عروسی، غذاخوری‌ها و سایر اماکن عمومی اعلام کرد : "موظفند از ورود بانوانی که رعایت حجاب و پوشش صحیح اسلامی را نمی‌کنند جلوگیری به عمل آورند. در غیر این صورت این قبیل سازمان‌ها، شرکت‌ها و اماکن عمومی که در اجرای این امر شرعی بی‌تفاوت باشند خود تحت تعقیب قرار گرفته و با متخلفین برابر

[1] شهادت بهجت حاجی‌حسین، عدالت برای ایران، بهمن ۱۳۹۲

مقررات رفتار خواهد شد." این اطلاعیه همچنان به زنان نیز هشدار داده بود که در صورت رعایت نکردن این تذکرات "طبق مقررات شرعی و قانونی با آنها برخورد خواهد شد."[۱]

با وجود همهٔ این سخت‌گیری‌ها، مقاومت زنان شاغل در برابر اجبار حکومت به حجاب اسلامی همچنان ادامه داشت. پس از مقاومت شدید و نافرجام زنان کارمند در سال‌های ابتدایی روی کار آمدن جمهوری اسلامی و اجباری شدن حجاب، پوشش مقنعه، مانتوهای بلند و تیره و گاه چادر به عنوان یونیفرم رسمی ادارات دولتی اعلام شده و زنان کارمند فارغ از هر مذهب و عقیده و سلیقه‌ای مجبور به تبعیت از این نوع پوشش هستند. با این حال تخلفاتی که می‌تواند شامل آرایش یا بیرون بودن قسمت کمی از مو از مقنعه باشد، همچنان به طور منظم از سوی حراست ادارات دولتی رصد شده و با آن برخورد می‌شود. به عنوا مثال بر اساس گزارشی که اسفند ماه ۱۳۸۷ منتشر شد، هسته گزینش دانشگاه تهران با احضار ۳۵ تن از پرستاران زن بیمارستان ۱۰۰۰ تختخوابی (بیمارستان خمینی) تهران به آنها اعلام کرد که به دلیل "عدم رعایت حجاب" اخراج هستند. پیش از آن پرستاران زن در بیمارستان‌های آرش، امیراعلم، بهارلو، روزبه، فارابی، ضیائیان و ولیعصر تهدید شده بودند که به دلیل بدحجابی اخراج خواهند شد.[۲] در عین حال چنانکه علی‌رضا افشار، قائم‌مقام وزیر کشور ایران در امور اجتماعی و فرهنگی در تیر ماه ۱۳۹۱ اعلام کرده، "آیین‌نامه انضباطی برای افراد متخلف" پیش‌بینی شده و "زنان بدحجاب در صورت مشاهده ابتدا با تذکر سپس با مشاوره و سرانجام با برخورد روبه‌رو می‌شوند."[۳]

---

[۱] روزنامه جمهوری اسلامی، شماره ۴۱۴۹۲، ۴مرداد ۱۳۶۳

[۲] تعدادی از پرستاران بیمارستان‌های تهران به دلیل عدم رعایت حجاب در آستانه اخراج هستند، میدان زنان، ۱ اسفند ۱۳۸۷

[۳] بازرسی وضعیت حجاب به ادارات دولتی ایران هم رسید، رادیو زمانه، ۲۲ تیر ۱۳۹۱

برخورد با پوشش زنان محدود به مراکز دولتی نیست. احمدرضا رادان، فرمانده انتظامی تهران بزرگ ۳۰ فروردین ۱۳۸۷ از اجرای "برخورد با بدحجابی در شرکت‌های خصوصی" خبر داد و گفت: "در راستای ارتقا طرح امنیت اجتماعی در سال جدید پلیس پایتخت برخورد با بدحجابی در مراکز و شرکت‌های خصوصی را در دستور کار خود قرار داده و با این موضوع به شدت برخورد خواهد کرد."[۱]

حجاب اسلامی، امتیازی برای ارتقای شغلی و استخدام

حجاب اجباری فقط از طریق تهدید به بازداشت و محرومیت از تحصیل و از دست دادن شغل و پرونده‌سازی قضایی و روش‌های تنبیهی دیگر اعمال نمی‌شود. تخصیص امتیازهای مثبت برای باحجابان و به ویژه زنانی که از پوشش چادر استفاده می‌کنند، از دیگر روش‌هایی است که زنان را وادار به استفاده از پوشش مدنظر حکومت می کند.

اجباری بودن چادر در برخی مدارس، دانشگاه‌ها، ادارات دولتی و تعیین چادر برای استخدام در برخی شغل‌ها یا انتصاب به سمت‌های مدیریتی یکی از این شیوه‌ها است. به عنوان مثال در تیر ماه ۱۳۹۱، حسین هژبری، معاون پرورشی وزارت آموزش و پرورش اعلام کرد که از این پس چادری بودن، یکی از ملاک‌های گزینش برای مدیریت مدارس دخترانه سراسر ایران خواهد بود. این در حالی است که پیش از این هم در بسیاری از شهرها، مدیران مدارس را از میان زنانی که چادر سر می‌کردند، انتخاب می‌کردند.

علاوه بر این پوشش چادر در بسیاری از مواقع به عنوان امتیازی برای استخدام در مراکز دولتی و حتی رد شدن از سد گزینش دانشگاه‌ها به کار

---

[۱] ناجا: برخورد با بدحجابی در شرکت‌های خصوصی اجرا می‌شود، کمیته گزارشگران حقوق بشر به نقل از ایسنا، ۳۰ فروردین ۱۳۸۷

می‌رود و زنانی که به جای چادر، مانتو می‌پوشند به همین بهانه موفق به عبور از سد گزینش نشده‌اند.

نـوع پوشـش زنـان کارمندی کـه چـادر بـه سـر مـی‌کننـد

مژگان ر. ۴۵ ساله شهادت می‌دهد که در سال ۱۳۸۰ به دلیل مانتویی بودن او را از گزینش استخدام در آموزش و پرورش مشهد رد کرده‌اند.[1] او می‌گوید که بار دومی که برای استخدام در آموزش و پرورش اقدام کرد، هنگام شرکت در جلسه گزینش چادر پوشید و به همه فامیل و اهالی محل هم گفت که در صورت مراجعه ماموران گزینش بگویند که او چادری است. هر چند پس از استخدام با همان مانتو و شلوار و بدون چادر به مدرسه می‌رفت. همهٔ مدارس اما به سهل‌گیری محل کار او نبود و در بسیاری از مدارس و ادارات دولتی، همچنان پوشش چادر، اجباری است.

سیما غیاثی نیز شبیه همین تجربه را با صدا و سیمای استان قزوین دارد. او به عدالت برای ایران گفت که در سال ۱۳۸۵ با وجود داشتن تمامی شرایط لازم برای استخدام رسمی از صدا و سیما، به دلیل اینکه چادری نبود و حاضر نشد چادر سر کند او را استخدام نکرده و در نهایت حکم اخراجش را صادر کردند. او که از سال ۱۳۷۶ به صورت حق‌التحریری برای صدا و سیمای استان قزوین کار می‌کرد، می‌گوید که طی این مدت هیچ زن مانتویی به استخدام رسمی صدا و سیمای این استان درنیامد.

---

[1] شهادت مژگان. ر، عدالت برای ایران، آذر ۱۳۹۲

در برخی موارد حتی رنگ مانتو نیز بهانه ممانعت از استخدام یا ارتقای شغلی زنان شده است.[۱]

چنانکه مریم جبینی، فیلمساز ساکن پاریس در یک صفحه فیس‌بوکی نوشته است که به دلیل رنگ مانتویش از استخدام رسمی در صدا و سیمای جمهوری اسلامی ایران محروم شد. او می‌گوید: "من دانشجوی رشته تولید دانشکده صدا و سیما با گرایش کارگردانی انیمیشن بودم. محیط دانشجویی تلویزیون همیشه نسبت به دانشگاه‌های دیگر سخت‌تر بود و حجاب بسیار مشکل‌تر. در سال‌های بعد از جنگ محیط از خفقان بیشتری برخوردار بود و ما مانتوهای بسیار بلند و گشاد تا روی قوزک پا بر تن می‌کردیم. بیاد دارم در طی این سال‌ها مدتی مانتویی به رنگ سبز بسیار بسیار تیره به تن می‌کردم که این رنگ برای من در گزینش استخدامیم موجب دردسر شد و مرا از گزینش رد صلاحیت کردند. وقتی در اعتراض علت را جویا شدم به من گفتند رنگ جلف و زننده می‌پوشیدی. مدت ۱۵ سال در تلویزیون بدون استخدام کار کردم و ۴ بار مکرر از گزینش رد صلاحیت شدم."[۲]

نقض تعهدات بین‌المللی جمهوری اسلامی درباره حق اشتغال

بر اساس ماده۶ میثاق بین‌المللی حقوق اقتصادی- اجتماعی و فرهنگی "کشورهای طرف این میثاق حق کار کردن را که شامل حق هر کس است به اینکه فرصت یابد بوسیله و کاری که آزادانه انتخاب یا قبول می‌نماید معاش‌خود را تأمین کند- به رسمیت می‌شناسند و اقدامات مقتضی برای حفظ این حق معمول خواهند داشت." مشروط کردن این حق به رعایت پوشش مدنظر حکومت اسلامی نقض کننده تعهدی است که جمهوری اسلامی ایران برای اجرای این سند حقوق بشری دارد.

---

[۱] شهادت سیما غیاثی، عدالت برای ایران، آذر ۱۳۹۲

[۲] نوشته مریم جبینی در صفحه فیس بوک برابری زن= مرد

همچنین ماده ۷ میثاق بین‌المللی حقوق اقتصادی- اجتماعی و فرهنگی، اعلام می‌کند که: "کشورهای طرف این میثاق حق هر کس را به تمتع عادلانه و مساعد کار که بویژه متضمن مراتب زیر باشد به رسمیت می‌شناسند" و بند ج آن بر "تساوی فرصت برای هر کس که بتواند در خدمت خود به مدارج مناسب عالی‌تری ارتقاء یابد بدون در نظر گرفتن هیچ‌گونه ملاحظات دیگری جز طول مدت خدمت و لیاقت" تاکید دارد. ماده ۲۵ میثاق بین‌المللی حقوق مدنی و سیاسی نیز تاکید دارد: "هر انسان عضو اجتماع حق و امکان خواهد داشت با حق تساوی طبق شرایط کلی بتواند به مشاغل عمومی کشور خود نائل شود."

۵. نقض حق تحصیل

محرومیت از تحصیل، اخراج از دانشگاه، محرومیت از استفاده از خوابگاه، احضار به کمیته انضباطی و تماس با خانواده‌های دانشجویان از جمله دیگر روش‌هایی است که برای اجبار زنان به رعایت پوشش اسلامی صورت می‌گیرد.

تابلویی که در دانشگاه آزاد کرمانشاه نصب شده، این سه پوشش را به عنوان الگوی پوشش دختران دانشجو معرفی می‌کند

در شرایطی که دانشگاه همچنان یکی از مهم‌ترین دروازه‌های ورود زنان به بازار کار و عرصه اجتماع است، استفاده از چنین ابزارهای تنبیهی

برای دختران دانشجو می‌تواند شرایط زندگی آنها را به شکل قابل توجهی تغییر دهد. این مساله در رابطه با دخترانی که در شهری دیگر و به دور از خانواده زندگی می‌کنند، شکل پیچیده‌تری پیدا می‌کند، به گونه‌ای که محرومیت از تحصیل برای چند ترم یا محرومیت از خوابگاه می‌تواند مخالفت خانواده با تحصیل آنها در شهری دیگر را به دنبال داشته و برای همیشه آنها را از تحصیل در دانشگاه محروم کند.

آماری که در این زمینه منتشر شده، اگرچه تصویر کاملی از شیوه برخورد با پوشش زنان در دانشگاه‌ها ارایه نمی‌دهد، اما وجود فشار در این حوزه و هزینه‌ای که دختران دانشجو برای رعایت نکردن حجاب اسلامی متحمل می‌شوند را نشان می‌دهد.

کمیسیون زنان تحکیم وحدت[1] در گزارشی که آذر ماه ۱۳۹۱دربارۀ "خشونت علیه دختران دانشجو" منتشر کرد، سخت‌گیری در خصوص پوشش دختران و تلاش برای تحمیل رنگ‌های تیره، لباس‌های گشاد، محدود کردن آرایش و پیرایش را از جمله موارد اعمال خشونت در دانشگاه‌ها برشمرد و اعلام کرد که این سخت‌گیری در سال‌های اخیر "به شدت افزایش یافته است." کمیسیون زنان تحکیم وحدت با بیان اینکه بسیاری از موارد برخورد با دختران دانشجو به رسانه‌ها راه پیدا نکرده، نوشت که "دختران دانشجو به دلیل فشارهای خانوادگی بیش از پسران دانشجو از رسانه‌ای شدن فشارهای حراست و نهادهای امنیتی و قضایی پرهیز می‌کنند."

محرومیت از تحصیل

عبدالرضا سیف، معاون فرهنگی دانشگاه تهران هجدهم تیرماه ۱۳۹۱ خبر اخراج چند دختر دانشجو به خاطر "بدحجابی" را اعلام کرد و به

[1] گزارش کمیسیون زنان دفتر تحکیم وحدت از خشونت علیه دختران دانشجو، ۵ آذر ۱۳۹۱

خبرگزاری دانشجو وابسته به بسیج دانشجویی گفت که این افراد پس از پنج بار تذکر گرفتن و صحبت با خانواده‌هایشان اخراج شده‌اند و هم‌اکنون نیز مسئولان دانشگاه تهران مشغول برخورد با ۳۵۰ دانشجویی هستند که "به شکل مانکن" در سطح این دانشگاه رفت و آمد می‌کنند.[1]

بر اساس اطلاعیه‌ای که بر دیـوار دانـشگاه نصب شـده، دو دختر دانـشجو بـه دلیـل رعایت نکردن حجاب اسلامی به مدت یک ترم از تحصیل محروم شده‌اند

در مهر ماه ۱۳۹۰ دانشگاه علم و صنعت تهران ۱۵ دانشجوی دختر را به دلیل شرکت نکردن در "جلسه اجباری حجاب و عفاف" از ثبت نام در ترم پاییزی، محروم کرد. صالح‌زاده، مسئول بسیج اساتید دانشگاه علم و صنعت و رییس دانشکده عمران این دانشگاه، اعلام کرد که "از ثبت نام این دانشجویان در ترم آینده نیز جلوگیری به عمل خواهد آمد." در اسفند همان سال بیش از ۱۰ تن از دانشجویان این دانشگاه به دلیل عدم رعایت پوشش اسلامی به یک ترم محرومیت از تحصیل محکوم شدند.[2]

قادر پریز، معاون دانشجویی و فرهنگی دانشگاه علامه طباطبایی در خرداد ماه ۱۳۸۹ از صدور یک تا دو ترم تعلیق از تحصیل برای "برخی بدحجابان که به این نوع پوشش مصر بوده‌اند" خبر داد و گفت: "تعداد بسیاری از دانشجویان به دلیل بدحجابی تذکر دریافت کرده‌اند اما به دلیل

---

[1] اخراج چند دانشجو به خاطر «بدحجابی» از دانشگاه تهران، تارنمای دیگربان، ۱۸ تیر ۱۳۹۱

[2] گزارش کمیسیون زنان دفتر تحکیم وحدت از خشونت علیه دختران دانشجو، ۵ آذر ۱۳۹۱

محرمانه بودن آمار و ارقام در کمیته انضباطی امکان اعلام تعداد دقیق آنها وجود ندارد. او ادامه داد که در طول یک سال گذشته تعداد این دانشجویان بسیار زیاد بوده و هر هفته افرادی به کمیته انضباطی احضار می‌شوند."[۱] آبان ماه ۱۳۸۸ دو دانشجوی دختر دانشگاه صنعتی شریف به مدت یک سال و نیم از تحصیل محروم شدند. در اطلاعیه‌ای که این حکم را اعلام کرده، دلیل این تصمیم "عدم رعایت پوشش اسلامی" عنوان شده بود.[۲]

تارنمای ادوارنیوز نیز در اسفند ۱۳۸۷ گزارش داد که سه دانشجوی دختر دانشگاه سیستان و بلوچستان در کمیته انضباطی به اتهام "عدم رعایت موازین اسلامی" به "توبیخ کتبی و درج در پرونده و حذف یک نیم سال تحصیلی بدون احتساب سنوات که به صورت تعلیقی" محکوم شدند.[۳] روزنامه اعتماد ملی روز ۱۲ خرداد ۱۳۸۷ خبر داد که "هشت دانشجوی دختر دانشگاه صنعتی شیراز از سوی کمیته انضباطی دانشگاه صنعتی شیراز، به اتهام بدحجابی در محیط دانشگاه، به یک ترم محرومیت از تحصیل محکوم شدند."[۴]

چنانکه در گزارش ماهانه کانون مدافعان حقوق بشر در دی ماه سال ۱۳۸۶ آمده نیز تینا حسینی از دانشجویان دانشگاه فردوسی مشهد به اتهام "عدم رعایت کامل حجاب اسلامی، استفاده از لوازم آرایشی و فعالیت سیاسی" با تصمیم کمیته انضباطی به یک ترم محرومیت معلق از تحصیل محکوم شد.[۵]

---

[1] تعلیق از تحصیل بدحجابان، همشهری به نقل از خبرگزاری مهر، ۹خرداد ۱۳۸۹

[2] وبلاگ جایی برای ننوشتن، ۴ آبان ۱۳۸۸

[3] گزارش سالانه وضعیت دانشجویان در ایران، از تیر ۱۳۸۷ تا خرداد ۱۳۸۸

[4] آمارهای تازه از گسترش برخورد با «بدحجابی زنان و مردان»، رادیو فردا به نقل از روزنامه اعتماد ملی، ۱۵ خرداد ۱۳۸۷

[5] «ورود افراد بدحجاب ممنوع» نیست/ این فقط یک تابلو است، تارنمای اهر وصال، ۱۱ آبان ۱۳۹۲

محرومیت از تحصیل در دانشگاه‌ها محدود به کسانی که متهم به بدحجابی می‌شوند، نیست و در مواردی که دانشگاه چادر را اجباری اعلام کرده، از ثبت نام دانشجویان غیرچادری ممانعت کرده و پوشش چادر را شرط ثبت نام آنها قرار می‌دهند. شهلا، دختری که سال ۱۳۸۹ در دانشگاه آزاد جهرم قبول شد، شهادت می‌دهد که در موقع ثبت نام به من گفتند که باید چادر سر کنم و این مساله اجباری و جزو مقررات دانشگاه است. اما من گفتم که در دفترچه کنکور چنین شرطی ذکر نشده بود. اما دانشگاه از او می‌خواهد که در صورت سر نکردن چادر، از تحصیل انصراف دهد. به گفتهٔ او پس از آنکه با تهران نامه‌نگاری کرد و مسئولان دانشگاه آزاد در تهران، اعلام کردند که چنین اجباری نیست. دانشگاه آزاد جهرم همچنان از پذیرش او بدون پوشیدن چادر خودداری کرد.[۱]

شهلا می‌گوید که برای مدتی چادر را بدون آنکه سر کند فقط دورش می‌انداخته، اما حراست دانشگاه او را احضار می‌کند و بدون آنکه پول شهریه آن ترم را بازگرداند، او را مجبور به انصراف می‌کند. شهلا سال ۱۳۹۰ نیز در کنکور شرکت کرد، اما نتایج این آزمون به او اعلام نشد و گفتند که در جلسه امتحان غایب بوده است.

احضار به کمیته انضباطی

معمول‌ترین شیوه آزار و اذیت دختران دانشجویی که حجاب اسلامی را رعایت نمی‌کنند احضار به کمیته‌های انضباطی دانشگاه است. احضارهایی که علاوه بر برخورد تند و توهین‌آمیزی که طی آن با دانشجویان صورت می‌گیرد، می‌تواند هشداری برای برخوردهای شدیدتر در آینده باشد.

---

[۱] شهادت شهلا (نام مستعار)، عدالت برای ایران، آذر ۱۳۹۲

موارد زیر نمونه‌هایی از احضار دختران دانشجو به خاطر حجاب است:

- در خرداد ۱۳۹۱ بیش از ۴۰ تن از دانشجویان دانشگاه شهید بهشتی که بیشتر آنها دختر بودند، به خاطر "آرایش مبتذل و یا پوشش غیر اسلامی" به کمیته انضباطی احضار شدند و در پاره‌ای موارد از سوی کمیته انضباطی با خانواده دانشجویان تماس گرفته شد.

- در اردیبهشت ۱۳۸۹ دانشگاه علامه طباطبایی ۲۰ دختر دانشجو در ارتباط با مساله حجاب به کمیته انضباطی احضار شدند. بیژن وثوقی، معاون دانشجویی دانشگاه صنعتی شریف[1] نیز در همین سال گفت که به طور میانگین در این دانشگاه در هر ۱۵ روز یک زن به دلیل بدحجابی به کمیته انضباطی احضار می‌شوند.

- احضار ۷۱ تن از دانشجویان دانشگاه آزاد شهر ری به کمیته انضباطی، تحت عنوان رعایت شئونات اسلامی در خرداد ماه ۱۳۸۹ و خودداری شماری از اساتید دانشکده‌های برق و مکانیک دانشگاه خواجه نصیر تهران از دادن نمرۀ نهایی دانشجویان "بدحجاب و بدپوشش" در تیر ماه همان سال از دیگر برخوردها با حجاب زنان است.[2]

این نوع برخورد البته محدود به دانشگاه خواجه نصیر نبود و دانشجویان زیادی بودند که در دانشگاه‌های مختلف به دلیل آنچه بدحجابی و بدپوششی خوانده شده، حتی نمره‌های امتحانی‌شان صفر منظور شد یا اینکه اجازه پیدا نکردند در امتحانات شرکت پیدا کنند. در واقع تلاش شده است تا

---

[1] نحوه برخورد با بدحجابی در دانشگاه‌های بزرگ، خبرگزاری مهر، ۲۶ خرداد ۱۳۸۹
[2] گزارش کمیسیون زنان دفتر تحکیم وحدت از خشونت علیه دختران دانشجو، ۵ آذر، ۱۳۹۱

دختران دانشجو وادار شوند به معیارهایی که دانشگاه در نظر گرفته است تن بدهند."[1]

اخراج از خوابگاه

اخراج از خوابگاه از دیگر شیوه‌های تنبیهی به کار برده شده در رابطه با دختران دانشجویی است که حجاب اسلامی را به صورت کامل رعایت نمی‌کنند. با اینکه اخراج از دانشگاه اغلب به بهانهٔ بی‌انضباطی و بدون اشاره مستقیم به حجاب انجام می‌شود در مواردی نیز صریحاً به دانشجویان اعلام می‌شود که به دلیل رعایت نکردن حجاب اجازه استفاده از خوابگاه را ندارند.

باسمه تعالی

زینب پیغمبرزاده، دانشجوی رشته پژوهشگری دانشکده علوم اجتماعی دانشگاه تهران در سال ۱۳۸۵ به دو ترم محرومیت از تحصیل محکوم شد. «عدم رعایت پوشش اسلامی» یکی از موارد اتهامی این دانشجو بود. زینب پیغمبرزاده چنین شهادت می‌دهد: «پاییز سال ۱۳۸۴ پردیس مرکزی دانشگاه تهران در میدان انقلاب بیشتر از گذشته سعی در کنترل حجاب دختران دانشجو داشت و اسم دخترانی که به جای مقنعه روسری سر می‌کردند، از سوی ماموران حراستی که جلوی در دانشگاه مستقر بودند نوشته می‌شد. اسم من هم بارها در این فرم‌های حراست نوشته شده بود و البته همچنان به جای مقنعه روسری سر می‌کردم. بیشتر دخترهای دانشجو هم با مقنعه وارد دانشگاه می‌شدند اما در دستشویی روسری سر می‌کردند. بعد از مدتی انجمن‌های دانشجویی دانشکده هنر با مسئولین حراست صحبت کردند و حراست قبول کرد که فقط دانشجوهای هنر اجازه داشته باشند که با روسری به دانشگاه بیایند. در بهار ۱۳۸۵ چند تجمع در دانشگاه تهران در اعتراض به اخراج دانشجوها و اساتید و بسته شدن انجمن‌های دانشجویی برگزار شد و بسیاری از فعالان دانشجویی دانشگاه تهران به حراست احضار شدند که من هم یکی از احضار شدگان بودم. در آن زمان یکی از موارد اتهامی من همین بود که اسمم در این فرم‌های عدم رعایت حجاب نوشته شده بود. پس از آن هم در حکمی که به موجب آن به مدت دو ترم از تحصیل محروم شدم، یکی از دلایل صدور این حکم «عدم رعایت پوشش اسلامی» عنوان شده بود.

[1] فرشاد محمدی، خشونت علیه دختران دانشجو، رادیو زمانه، ۰۹ آذر ۱۳۹۱

به عنوان مثال در فروردین ۱۳۹۱ دست‌کم ۱۵ تن از دانشجویان دانشگاه شهرکرد از خوابگاه اخراج شدند و به طور شفاهی به آنها ابلاغ شد که بد لیل رعایت نکردن حجاب کامل اسلامی حق استفاده از خوابگاه‌های دانشگاه را نخواهند داشت. در اسفند ۱۳۹۰ نیز یک دختر دانشجو به دلیل استفاده از روسری به جای مقنعه از امکان سکونت در خوابگاه محروم شد.[۱]

ضرب و شتم و آزار دختران دانشجو

با وجود همه محدودیت‌ها و آزار و اذیت‌هایی که به طور رسمی و از سوی مقامات دانشگاه به دختران دانشجویی که حجاب کامل ندارند تحمیل می‌شود، گاه نیروهای غیررسمی که اغلب تحت عنوان بسیج دانشجویی سازمان‌دهی شده‌اند نیز برای دختران دانشجو مزاحمت ایجاد می کنند، به عنوان مثال در اردیبهشت ۱۳۸۹، هم‌زمان با ابلاغ "برخورد با بدحجابی" به دانشگاه‌ها از سوی حراست وزارت علوم و تحقیقات و فناوری، تعدادی از دانشجویان بسیجی دانشگاه تهران به بهانه بدحجابی برای چند تن از دانشجویان دختر دانشگاه تهران مزاحمت ایجاد کردند. در گزارشی دیگری ازدفتر تحکیم وحدت نیز به ضرب و شتم شماری از دانشجویان دانشگاه آزاد رشت به دلیل بدحجابی از سوی انتظامات و حراست دانشگاه در مهر ماه، ۱۳۸۹ اشاره شده است.[۲]

ممنوعیت ورود به دانشگاه از دیگر شیوه‌های آزار و اذیت دختران دانشجو برای رعایت نکردن حجاب اسلامی است. به‌گونه‌ای که خرداد ۱۳۸۹ مصطفی خسروی مدیرکل حراست دانشگاه تهران از منع ورود افراد بدحجاب به دانشگاه تهران و اجبار مقنعه در برخی دانشکده‌های دانشگاه تهران خبر داد و گفت تا سه بار به دانشجویانی که پوشش نامناسب دارند

---

[۱] گزارش کمیسیون زنان دفتر تحکیم وحدت از خشونت علیه دختران دانشجو، ۵ آذر، ۱۳۹۱
[۲] گزارش کمیسیون زنان دفتر تحکیم وحدت از خشونت علیه دختران دانشجو، ۵ آذر ۱۳۹۱

در مبادی ورودی دانشگاه تذکر داده می‌شود و در صورتی که رعایت نکنند از ورودشان به دانشگاه جلوگیری به عمل می‌آید.[۱]

نقض تعهدات بین‌المللی جمهوری اسلامی دربارهٔ حق تحصیل

بر اساس مواد ۲۱ و ۲۶ اعلامیه حقوق بشر برخوردهای صورت گرفته با دختران دانشجو به خاطر پوشش‌شان و محرومیت آنها از تحصیل در زمرهٔ مواد نقض حقوق بشر است. بر اساس ماده ۲۶ اعلامیه حقوق بشر" دستیابی به آموزش عالی باید به شکلی برابر برای تمامی افراد و بر پایه شایستگی‌های فردی صورت پذیرد." همچنین محروم کردن دختران دانشجو به خاطر نوع پوشش‌شان با حق همه شهروندان برای استفاده از خدمات عمومی در تضاد قرار دارد. بند ۲ ماده ۲۱ اعلامیه حقوق بشر می‌گوید: "هر شخصی حق دسترسی برابر به خدمات عمومی در کشور خویش را دارد."

۶. نقض حق شرکت در زندگی فرهنگی

محرومیت از استفاده از خدمات عمومی شهر یکی دیگر از موارد نقض حقوق شهروندی آنها در راستای اعمال فشار برای رعایت حجاب اسلامی است. اماکن فرهنگی همچون کنسرت‌های موسیقی و جشنواره‌های هنری، مراکز تفریحی همچون رستوران‌ها، کافه‌ها و اماکن گردشگری حومه شهر از جمله محل‌هایی هستند که در معرض دیدبانی نیروهای گشت ارشاد قرار دارند.

---

[۱] ورود دانشجویان بی‌حجاب به دانشگاه تهران ممنوع شد تارنمای آفتاب، خرداد ۱۳۸۹

برخورد با زنان در اماکن فرهنگی و تفریحی

برخورد با زنانی که پوشش آنها بدحجابی تلقی می‌شود، در اماکن فرهنگی و کنسرت‌های موسیقی از سویی در ادامه همان طرح همیشگی است که در خیابان‌های شهر اجرا می‌شود، اما از سوی دیگر برای زنانی که بلیط یک برنامه فرهنگی- هنری را خریده و برای شرکت در آن برنامه‌ریزی کرده‌اند، یک رفتار تحقیرآمیز مضاعف است. محل‌هایی همچون بازار و پاساژهای خرید نیز که بسیاری از زنان برای خرید مایحتاج زندگی و گذراندن اوقات فراغت‌شان به آن مراجعه می‌کنند، از دیگر مراکز اصلی برخورد با حجاب است. به گونه‌ای که در سال ۱۳۶۰ در حالی‌که هنوز حجاب اسلامی در معابر و اماکن عمومی اجباری نشده بود، اطلاعیه‌هایی که از سوی نهادهای غیررسمی و غیردولتی صادر می‌شد، ورود زنان بی‌حجاب به اماکنی همچون بازار[1] را ممنوع اعلام می‌کرد. در تیرماه همان سال هم‌زمان با آغاز ماه رمضان، محمدتقی سجادی نماینده دادستان انقلاب در دادگاه مبارزه با منکرات اجباری شدن حجاب در اماکن عمومی را به عنوان بخشی از مقررات مربوط به ماه رمضان را اعلام کرد. بر اساس این مقررات صاحبان اماکن عمومی موظف بودند: "از ورود زنان و دخترانی که رعایت موازین شرعیه را نمی‌نمایند جلوگیری شود و تابلوئی در محل کسب خود و در معرض دید مشتریان خود قرار دهند بدین شرح: "به دستور دادگاه مبارزه با منکرات از پذیرفتن میهمانان و مشتریانی که رعایت ظواهر اسلامی را نمی‌نمایند معذوریم". "به کلیه خواهران و برادران تهرانی و شهرستانی تذکر می‌دهم که در ماه مبارک رمضان خود رعایت شئونات اسلامی و حجاب اسلامی و دیگر منکرات را بنمایند تا خدای نکرده برای خود ایجاد دردسر ننمایند."[2]

---

[1] به عنوان مثال بازاریان تبریز و شیراز، طی اطلاعیه‌های جداگانه‌ای ورود زنان بی‌حجاب به بازا را ممنوع اعلام کردند. نگاه کنید به روزنامه کیهان ۱۵ تیر ۱۳۵۹ شماره ۱۱۰۳۷ صفحه ۲ و ۱۷ تیر ۱۳۵۹ شماره ۱۱۰۳۹ صفحه ۴

[2] روزنامه کیهان، ۶ تیر ۱۳۶۰، شماره ۱۱۳۱۸، صفحه ۴

برخــی نمونــه‌هـای برخورد پلیسی با زنان در مراکز فرهنگی در دو سال اخیر، منتـشر شـده در رسانه‌هـای رسمی

۷ شهریور ۱۳۹۲: ماموران پلیس با حضور گسترده در محل برگزاری کنسرت سالار عقیلی در برج میلاد تهران، ضــمن جلـوگیری از ورود افـراد "بدپوشــش" بـه کنـسرت، تعـدادی از افـراد "بدحجاب" را نیز دستگیر کردند.

مرداد ماه ۱۳۹۲: احمد گراوند، جانشین فرمانده مرزبانی ناجا از برخورد دریابـانی بـا مـصادیق بدحجابی و بدپوششی در سطح دریا وشناورهای تفریحی خبر داد گفت: " تعـدادی جـت اسـکی تهیه شده تا نظارت بر شناورها نیز انجام شود."

اردیبهشت ۱۳۹۲: علی‌اصغر خرمرویی، رئیس پلیس اطلاعات و امنیت عمومی استان همدان از افزایش ۶۰ درصدی برخورد با "بدحجابی" در همدان در راستای طرح تشدید امنیت اجتماعی، خبر داد و گفت که اجرای این طرح در طول سال با قدرت و قوت ادامه دارد. به گفتـهٔ خرمرویی "بازرسی برخی از رستوران‌ها و کافی‌شاپ‌ها که به پاتوق افراد بدپوشش تبدیل شده نیز در قالـب این طرح گنجانده شده است."

۲۵تیر ۱۳۹۱: خبرگزاری ایسنا گزارش داد که سه نیروی پلیس امنیت، پلیس امـاکن و پلیس امنیت اخلاقی با حضور در منطقه فرحزاد تهران قهـوه‌خانـه‌هـا را پلمب و افـراد "بـدحجاب" را بازداشت کرده‌اند.

۲۸ خرداد ۱۳۹۱: ماموران نیروی انتظامی با حضــور در مراسـم افتتـاح جـشنواره فـیلم‌هـای ویدیویی در ایوان شمس تهران، از ورود برخی زنان به بهانه "بـدحجابی" جلـوگیری کـرده و در روند اجرای این مراسم اخلال بوجود آوردند.

۲۲ خرداد ۱۳۹۱: ماموران گشت ارشاد با حضور در محل کنسرت مازیار فلاحی، خواننده پاپ، در برج میلاد، جلوی اجرای این کنسرت موسیقی را به علت "بدحجابی حضار" گرفته و شـماری از زنان شرکت‌کننده را به بهانه "پوشش نامناسب" با ون‌های گشت ارشاد بـه کلانتـری منتقـل کردند.

۸ خرداد ۱۳۹۱: ۸۰ غرفهٔ اولین جشنواره غذاهای سنتی ایران در نمایشگاه بین‌المللـی تهـران به علت "بدحجابی غرفه‌داران" پلمب شد و تعدادی از غرفه‌داران نیز بازداشت شدند.

در دهه‌های اخیر نیز پاساژهای مدرن شهری همواره یکی از محل‌های تجمع گشت‌های ارشاد بوده و این برخوردها، تماس حداقلی زنان خانه‌دار با جامعه پیرامون را کمتر و پرخطرتر کرده است. با همه اینها، پوشش بسیاری از زنان در شهرهای مختلف ایران هنوز با آنچه که مدنظر حاکمیت است، تفاوت دارد و برخوردها و بازداشت‌های گشت ارشاد نیز در تحمیل پوشش کامل اسلامی بر زنان موفق نبوده است.

ثبت مشخصات و عکس زنانی که پلیس به خاطر پوشش‌شان به آنها تذکر می‌دهد و استفاده از این مستندات در دفعات بعدی بازداشت یا تذکر، از دیگر شیوه‌های گشت‌های ارشاد به عنوان عامل فشار برای رعایت حجاب اسلامی است. به عنوان مثال احمدرضا رادان، رییس پلیس تهران در تیرماه ۱۳۸۶ زنان را تهدید کرد که گشت‌های انتظامی با لپ‌تاپ به سراغ تذکر گرفته‌ها می‌روند. به گفته او: "این بار پلیس با وارد کردن نام افرادی که در خصوص بدحجابی مورد تذکر قرار گرفته‌اند به همراه مکان تذکر و تعهد آنها به سیستم رایانه‌ای، در دور جدید اجرای طرح ارتقای امنیت اجتماعی با تجهیز هر واحد انتظامی به یک لپ‌تاپ ابتدا نام فردی که قرار است به او تذکر داده شود وارد سیستم شده و سپس چنانچه پیش از این سابقه دریافت تذکر را داشت، بازداشت می‌شود."[۱]

علاوه بر این مقامات پلیس ایران در سال ۱۳۹۲ از فیلم‌برداری و عکس‌برداری از وضعیت حجاب زنان در مکان‌های عمومی خبر دادند. مسعود زاهدیان، رئیس پلیس امنیت اخلاقی در مرداد ماه ۱۳۹۲ گفت که پلیس به صورت ماهانه با هدف "رصد کردن وضعیت حجاب و تغییرات آن" از "وضعیت حجاب افراد در سطح کلان‌شهرها" فیلم‌برداری می‌کند. اسماعیل

---

[۱] رییس پلیس پایتخت: گشتهای انتظامی با لب‌تاپ به سراغ تذکر گرفته‌ها می‌روند، خبرگزاری ایسنا، ۲۴ تیر ۱۳۸۶

احمدی مقدم، رئیس پلیس ایران نیز با اعلام خبر عکس‌برداری از زنان "بدحجاب" گفت: "ما برای شناسایی تیپ‌ها از سطح شهر مستندسازی می‌کنیم و ممکن است از تیپ افراد حاضر در یک ایستگاه اتوبوس به منظور شناسایی وضعیت حجاب در ساعت و مکانی خاص عکس‌برداری کنیم."[۱]

شدت گرفتن برخوردها در اماکن فرهنگی و تفریحی البته مختص به سال‌های اخیر نیست و در دهه ۶۰ و ۷۰ نیز شمار نیروهای گشت ثارالله یا کمیته همواره در برابر سینماها و پارک‌ها بیشتر از مراکز دیگر بود. میترا شجاعی، روزنامه‌نگار می‌گوید که در سال‌های ۱۳۶۴-۶۵ همواره ماشین‌های کمیته جلوی در ورودی سینماها تذکر حجاب می‌دادند.

او همچنین به یاد می‌آورد که نیروهای انقلابی تندرو در مقابل سینما استقلال در میدان ولیعصر تهران، در حالی‌که زنجیرهای فلزی را دور سر خود می‌چرخاندند زنانی را که حجاب کامل اسلامی نداشتند تهدید می‌کردند و اجازه ورود آنها را به سینما نمی‌دادند. او ادامه می‌دهد: "سال ۱۳۶۴ با برادرم برای تماشای فیلم به سینما استقلال رفته بودیم. مردی که با چند نفر دیگر جلوی در سینما ایستاده بود زنجیر بزرگی را دور سرش می‌چرخاند و اگر زنی را می‌دید که مویش بیرون است یا آرایش دارد، با خشونت به او می‌گفت که حجابش را درست کند و حتی به طرف آنها حمله می‌کرد. من چون همراه برادرم بودم از او کتک نخوردم، ولی وقتی به طرفم آمد و به خاطر حجابم توبیخم کرد آنقدر ترسیده بودم که تنم می‌لرزید و اصلاً قید سینما رفتن را زدم."

---

[۱] پلیس ایران در شهرهای بزرگ از وضعیت حجاب زنان فیلم می‌گیرد، رادیو زمانه، ۲۱ مرداد ۱۳۹۲

ماموران گشت ارشاد، ۱۶ شهریور ۱۳۹۲ از ورود نرگس محمدی، فعال حقوق بشر و نایب رییس کانون مدافعان حقوق بشر به برج میلاد تهران برای شرکت در یک برنامه فرهنگی–اجتماعی با عنوان دختران نور و آفتاب ممانعت کردند. نرگس محمدی با نوشتن نامه‌ای به رحمانی‌فضلی، وزیر کشور دولت روحانی، اعتراض خود را به شیوه برخورد ماموران نیروی انتظامی اعلام کرد و خواهان مشخص شدن پوشش قانونی شد. او از وزیر کشور سؤال کرد که ماموران تا چه حد می‌توانند با مردم برخورد کنند؟ آیا قانون اجازه می‌دهد تا تعرض کلامی یا رفتاری یا برخورد خشن با زنان محترم جامعه داشته باشند؟

نرگس محمدی در این نامه برخورد ماموران نیروی انتظامی را این‌گونه توصیف کرد: "برنامه قرار بود در تالار سعدی برگزار شود. جلوی در تالار سعدی چند خانم با پوشش چادر مشکی و چند نفر نیروی انتظامی ایستاده بودند. آدرس تالار را پرسیدم یکی شان سالن را با دست نشان داد ولی مانع ورودم شد. دلیلش را پرسیدم. جواب داد مشکل حجاب دارید. از تعجب خنده‌ام گرفت. نگاهی به سراپای خودم انداختم. روسری سبز بزرگی که نه تنها موهای سرم بلکه شانه‌هایم را پوشانده و مانتوی بلند و نسبتاً گشادی که روی دامن مشکی‌ام افتاده و حد اقل یک وجب تا زیر زانوهایم را گرفته و جوراب شلواری ضخیم و سیاهی که تمام پاهایم را پوشانده است. شاید اگر کسی از پایین و با دقت نگاه می‌کرد مثلاً یک وجب و نصفی از پاهایم که داخل کفش و جوراب ضخیم سیاه رنگ بود، دیده می‌شد. بالاخره تمام نقاط بدنم پوشیده بود. سعی کردم با گفت‌وگو و با استدلال و صحبت منطقی قانعشان کنم که کارشان درست نیست و تجدید نظر کنند، اما آنها نه تنها حاضر نبودند کوچکترین اعتنایی بکنند بلکه هر بار یکی از مردان انتظامی چکمه‌پوش با قدرت تهدید می‌کرد که «راتو بکش برو وگرنه بازداشتت می‌کنیم.» از یکی از مردان انتظامی پرسیدم: آقا آیا قسمتی از بدنم پیداست یا لباسم تنگ است یا مانتوام کوتاه است یا روسری‌ام کوتاه است و موهایم را نپوشانده. گفت نه اما ما نمی‌گذاریم وارد سالن شوی و من که از این رفتارشان مبهوت بودم بحث را ادامه دادم تا بالاخره متوجه شوند که این برخورد زورگویی است و دلیل منطقی ندارد. البته حاصلی نداشت. یکی از آقایان جلو آمد و گفت حجاب شما مشکل دارد گفتم این

حجاب چیست که من ندارم یا مشکل دارم آن‌هم مشکلی که مانع ورود من به سالن شده است. پسر جوانی که با ماموران بود و یک دوربین هم داشت در مقام یک کارشناس زبده و تیز بین جلو آمد و گفت جوراب ساپورت غیر قانونی است. از شنیدن کلمه قانون هم خنده‌ام گرفت و هم گریه‌ام. گفتم برادر من این جورابی که من پوشیدم و نمی‌دانم اسمش چیست و ماشاالله شما واردتری، ضخیم‌ترین جوراب موجود در جهان و بازار ایران است. خوب مشکل چیست؟ گفت من نمی‌دانم غیر قانونی است. گفتم ببخشید این قانون کجا وضع شد و چگونه به مردم اطلاع دادید که امروز با ما این برخورد را می‌کنید. ایشان به همراه سایر مردان تأکید کردند که قانون است و اعلام هم شده [فرزندانم] علی و کیانا کاملاً عصبی شده بودند و نگران و مضطرب ماموران را نگاه می‌کردند. علی دست کیانا را گرفته بود و هر جا که مرا می‌بردند او هم می‌آمد...یکی از ماموران گفت خانم شما باید از اینجا بروید اگر شما وارد سالن شوید برای ما مشکل پیش می‌آید و ما باید پاسخ بدهیم. اعتراض آرام و طلب دلیل و استدلال ما راه به جایی نبرد. در این معرکه ۴ نفر عکاس تا می‌توانستند از ما از زوایای مختلف عکس گرفتند.... در این گفت‌وگوها یک مرتبه یکی از ماموران که گویا فرمانده‌شان بود و حتی حاضر نبود در مورد یک سوال هم توضیحی بدهد، فریاد زد دستگیرش کنید و ناگهان چند زن دست‌های من را از دو طرف کشیدند. من واقعاً متحیر بودم. خوب چرا ماشین را نشانم نمی‌دادند تا خودم سوار شوم. واقعاً این همه خشونت و داد و فریاد اصلاً لازم نبود. چون هر بار تهدید می‌کردند من با آرامش می‌گفتم برویم تا بگویید ایراد لباس من چیست؟ به هر حال مامور با صدای بلند دستور می‌داد و خانم‌ها هم هر چه زور داشتند به کار گرفتند. احساس کردم دست‌هایم را می‌خواهند از جا بکنند هر چه گفتم دلیلی ندارد آن‌قدر خشن و توهین‌آمیز برخورد کنید اما صدای من در مقابل داد آقایان اصلاً شنیده نمی‌شد. بالاخره با فریاد ماموران که یکی دستور بازداشت می‌داد و آن دیگری دستور دور شدن من و فرزندانم را، از محل دور شدیم...." در پی این نامه، احمدی مقدم، فرمانده نیروی انتظامی ایران با بیان اینکه "اعتراض این شهروند به‌جا بوده"، پوشش نرگس محمدی را "قابل اغماض" خواند و گفت: "این فرد جزء مصادیق وقیح نبود." احمدی مقدم همچنین از ماموران نیروی انتظامی خواست تا نسبت به "دلجویی از این زن" اقدام شود.

نرگس محمدی در نامه‌ای دیگر با اعتراض به سخنان فرمانده نیروی انتظامی گفت: "پوشش بنده نه تنها هیچ‌گونه ایرادی نداشت بلکه بسیار موقر بود و اساساً مسئله‌ای وجود نداشت که "قابل اغماض" باشد یا نباشد و جسارت نیروی انتظامی نه فقط نابه‌جا بلکه به لحاظ نقض حقوق شهروندی و اعمال خشونت قابل پیگیری است." او با بیان اینکه "در مقابل چنین توهین‌ها و رفتارهای تحقیرآمیزی نسبت به زنان که با بهانه‌های مختلف شاهد بوده‌ایم باید اعتراض مدنی و مسالمت‌آمیز کرد" اضافه کرد که به دنبال شکایت از ماموران متخلف است.

۷. ممنوعیت ورود به برخی از فضاهای عمومی

تهدید زنان به محرومیت از ارائه خدمات عمومی به خاطر "بدحجابی" یا ممنوعیت ورود آنها به اماکن عمومی، از دیگر آزار و اذیت‌هایی است که زنان به دلیل انتخاب پوششی خلاف خواست حاکمیت مجبور به تحمل آن هستند. این آزار و اذیت‌ها گاه به صورت غیررسمی از سوی ادارات محلی اعمال می‌شود و گاه به صورت رسمی، از سوی عالی‌رتبه‌ترین مقامات جمهوری اسلامی. در یکی از جدیدترین موارد غلامحسین محسنی اژه‌ای، دادستان کل ایران در آبان ماه سال ۱۳۹۲ خبرنگاران زن را به خاطر نوع پوشش‌شان تهدید به اخراج از نشست مطبوعاتی کرد. به گزارش رسانه‌ها غلامحسین محسنی اژه‌ای در ابتدای نشست خبری که با حضور خبرنگاران برگزار شده بود، نسبت به "رعایت حجاب اسلامی" تذکر داد و تهدید کرد: "جلسه بعد تذکر نخواهم داد و عذر آنها را می‌خواهیم و این حق را داریم."

در اقدامی دیگر، ناصر نجاریان، رییس پلیس امنیت عمومی خراسان رضوی آذر ۱۳۹۱ از ابلاغیه‌ای خبر داد که از سوی استانداری خراسان صادر شده و بر مبنای آن از تمامی سازمان‌های دولتی خواسته شده که به "خانم‌های بدپوشش" هیچ‌گونه سرویسی ارائه نشود.[۱]

نمونه‌ای دیگر از این برخوردها، درخواست فرمانده بسیج از اصناف برای عدم فروش جنس به "زنان بدحجاب" در شهریور ماه ۱۳۹۲ بود. به گزارش خبرگزاری فارس، غلامرضا حسن‌پور اشکذری، جانشین سازمان بسیج اصناف گفته بود: "اصناف باید به افراد بدحجاب جنس نفروخته و یا بی محلی کنند. البته در کنار این اقدام اصناف می‌توانند با نصب برخی از احادیث و توصیه‌های دینی بدحجابان را به رعایت شعائر در مورد حجاب دعوت کنند."[۲]

---

[۱] هیچ کنسرتی در مشهد اجازه برگزاری ندارد، خبرگزاری ایسنا، ۱۲ آذر ۱۳۹۱
[۲] بسیج: به بدحجاب‌ها جنس نفروشید، روزانلاین، ۷ شهریور ۱۳۹۲

نقض تعهدات بین‌المللی جمهوری اسلامی
درباره حق شرکت در زندگی فرهنگی

شدت گرفتن برخورد و دستگیری با زنان متهم به "بدحجابی" در اماکن فرهنگی، هنری و تفریحی و ممانعت از شرکت آنها در کنسرت‌های موسیقی یا جشنواره‌های فرهنگی در تناقض با میثاق بین‌المللی حقوق اقتصادی- اجتماعی و فرهنگی قرار دارد. بر اساس ماده ۱۵ این میثاق، کشورهای طرف این میثاق حق هر کس را برای شرکت در زندگی فرهنگی به رسمیت شناخته‌اند.

تهدید مقام‌های انتظامی به تبعید بدحجابان به شهرهای دیگر برای وارد کردن فشار مضاعف به آنان نقض کننده ماده ۱۲ میثاق بین‌المللی حقوق مدنی و سیاسی است که بر اساس آن: "هر کس قانوناً در سرزمین دولتی مقیم باشد حق عبور و مرور آزادانه و انتخاب آزادانه مسکن خود را در آنجا خواهد داشت."

۸. نقض حق آزادی تردد

براساس گزارش‌های رسمی، پلیس ایران در موارد متعدد زنان را به خاطر بدحجابی از دسترسی به خدماتی همچون پرواز با هواپیما و استفاده از خودروی شخصی محروم می‌کند.

توقیف خودروی زنان "بدحجاب"

توقیف خودروی زنانی که پوشش آنها با معیارهای تعیین شده از سوی پلیس همخوانی ندارد، از دیگر ابزارهای فشار حاکمیت است که در چند سال اخیر از آن برای تحمیل پوشش دلخواه خود به زنان استفاده می‌کند.

در خرداد ۱۳۹۰، تهران، جانشین فرمانده پلیس ایران با اشاره به تشکیل تیم‌های ویژه موتور سوار پلیس در اتوبان‌ها و معابر گفت "زنانی که

پوشش نامناسب دارند به نیروی انتظامی معرفی شده و خودروی آنها به پارکینگ منتقل می‌شود." به گفتهٔ او اگر کسی برای بار دوم بازداشت شود پس از تشکیل پرونده به مقامات قضائی معرفی خواهد شد.[1]

برگه جریمه خودرو به دلیل داشتن مسافری که حجاب کامل را رعایت نکرده است

پس از آن بود که در اردیبهشت ماه ۱۳۹۲ حسین رحیمی، رییس پلیس راهنمایی و رانندگی تهران بزرگ از توقیف سه هفته‌ای خودروی بدحجابان خبر داد. این‌گونه برخوردها البته محدود به تهران نیست و به عنوان مثال سیروس سجادیان، فرمانده انتظامی استان فارس نیز در مهرماه ۱۳۹۲ زنان "بدحجاب" را تهدید به توقیف خودروی‌شان کرد.[2] برخی گزارش‌های رسیده از شهرهای مختلف ایران نیز حکایت از جدی بودن این تهدیدها دارد و در موارد بسیاری، خودروی زنانی که پوشش کامل اسلامی ندارند به پارکینگ نیروهای انتظامی منتقل شده است.

ممانعت پلیس فرودگاه از سفر زنان "بدحجاب"

ممانعت از عبور و مرور زنانی که حجاب کامل اسلامی را رعایت نمی‌کنند، محدود به سفرهای درون شهری نیست و پلیس گاه چند ساعت قبل از پرواز با هواپیما مانع از سفر آنها به شهرها یا کشورهای دیگر می‌شود. در حالی‌که رعایت حجاب در فرودگاه‌ها نیز همچون تمامی اماکن عمومی ایران اجباری است. اما به نظر می‌رسد به دلیل اهمیت برنامه‌ریزی و هزینه‌ای

[1] تشدید برخورد با "بدپوششی" از ۲۵ خرداد، بی بی سی فارسی،۱۷ خرداد ۱۳۹۰

[2] خودروهای رانندگان بدحجاب در شیراز توقیف می‌شود. تارنمای آفتاب به نقل از خبرگزاری مهر ۱۷ مهر ۱۳۹۲

که زنان برای سفر و به ویژه سفر خارج از کشور می‌کنند، نیروی انتظامی نیز با سخت‌گیری بیشتر در این حوزه، در صدد اعمال قدرت برای اجبار زنان به رعایت پوشش اسلامی است.

در این‌گونه ممانعت‌ها نیز همانند سایر بازداشت‌های حجاب، آمار مشخصی وجود ندارد. اما مشاهدات مسافران زن و معدود آمارهای اعلام شده از سوی مقامات رسمی، شدت فشار در فرودگاه‌ها را به روشنی آشکار می‌کند. به عنوان مثال نبی‌اله حیدری، رییس وقت پلیس فرودگاه‌های ایران خرداد ماه ۱۳۸۰ اعلام کرد که طی سه ماه گذشته از مسافرت ۷۱ زن به دلیل آنچه "پوشش نامناسب" عنوان شده، ممانعت شده است. به گفتهٔ او طی این مدت ۱۱۲ زن به اتهام آنچه "بحث ناهنجاری‌های اجتماعی" عنوان شده از سوی پلیس فرودگاه‌های کشور دستگیر شده و از سه هزار و ۵۰۶ زن "بدحجاب" در فرودگاه تعهد گرفته شده است.[۱]
رئیس پلیس فرودگاه‌های ایران با اعلام اینکه ۳۳ هزار و ۲۹ زن و مرد "بدپوشش و بدحجاب" پس از تعویض لباس خود اجازهٔ ادامهٔ سفر پیدا کرده‌اند، توبیخ ۸۷ هزار و ۷۱۴ زن به دلیل آنچه "بدحجابی" عنوان شده را از دیگر اقدامات پلیس فرودگاه اعلام کرد.

حسن مهری، رییس پلیس فرودگاه‌های ایران در اسفند ماه ۱۳۹۱ زنان "بدحجاب" را تهدید به نداشتن اجازه پرواز کرد و به خبرگزاری دانشجویان ایران (ایسنا) گفت: "به زنانی که با حجاب زننده وارد فرودگاه می‌شوند اجازه ورود داده نمی‌شود، آنان در گیت‌ها نگه داشته می‌شوند تا حجاب خود را اصلاح کنند اما قطعاً اگر فردی تمکین نکند اجازه پرواز نخواهد داشت."[۲]

---

[۱] ممانعت پلیس فرودگاه از سفر زنان «بدحجاب»، رادیو زمانه به نقل از خبرگزاری کار ایران، ۲۴ خرداد ۱۳۸۹

[۲] اعلام سقف مجاز برای خروج طلا و ارز از کشور، خبرگزاری دانشجویان ایران (ایسنا)، ۲۳ اسفند ۱۳۹۱

حسن مهری[1] همچنین در تاریخ ۲۶ آبان ۱۳۹۲ بار دیگر زنان "بدحجاب" را به ممنوعیت از پرواز تهدید کرد و گفت: "طرح امنیت اخلاقی با قدرت در تمامی فرودگاه‌های کشور اجرا می‌شود. بر اساس این طرح از ورود بدحجاب‌ها به سالن‌های فرودگاه جلوگیری می‌شود. این افراد در مرحله اول تذکر دریافت می‌کنند و در صورتی که حجاب‌شان را اصلاح نکنند حق ورود به سالن و پرواز را ندارند."[2]

در سال ۱۳۸۷ نیز چنانکه محمود بت‌شکن،[3] رییس وقت فرودگاه‌های ایران اعلام کرده بود، نیروهای پلیس دست‌کم از سفر ۱۲۸ زن به دلیل بدحجابی جلوگیری کرده، به ۱۷۱ هزار و ۱۵۱ نفر تذکر داده و از شش هزار و ۷۹۹ نفر نیز تعهد کتبی برای رعایت حجاب اسلامی گرفتند.

این ممنوعیت‌ها البته مختص به سال‌های اخیر نیست. به عنوان نمونه مرداد ماه ۱۳۶۵ سراج الدین موسوی، مسئول کمیته انقلاب اسلامی در دولت میرحسین موسوی در یک مصاحبه تلویزیونی گفته بود: "بدحجاب‌ها و افرادی که شئونات اسلامی را رعایت نمی‌کنند، از امکانات و مزایایی چون دریافت گذرنامه و گواهینامه رانندگی و نیز تحصیل در دانشگاه و مدارس محروم خواهند شد."[4]

---

[1] در حالیکه روابط عمومی پلیس فرودگاه‌ها این خبر را در گفتگو با روزنامه شرق تکذیب کرد. اما سرهنگ مهری پیش از این نیز همین سخنان را در اسفند ۱۳۹۱ به خبرگزاری ایسنا گفته بود.

[2] اصلاح حجاب شرط پرواز در فرودگاه، خبرگزاری مهر، ۲۶ آبان ۱۳۹۲

[3] پلیس فرودگاه از سفر ۱۲۸ مسافر بدحجاب جلوگیری کرد، خبرگزاری فارس، ۹ شهریور ۱۳۸۷

[4] بدحجاب‌ها از گذرنامه، گواهینامه رانندگی و دانشگاه محروم می‌شوند، رجا نیوز، ۲۹ اسفند ۱۳۹۲

شهلا فروزان،[۱] بازداشت و ممانعت از پرواز به خاطر رعایت نکردن حجاب را در دهه ۶۰ تجربه کرده است. او می گوید:

" سال ۱۳۶۲ در فرودگاه تبریز با وجود بچه شیرخواره به علت دادن شیر به نوزادم، بازداشت شدم و گفتند بخاط عدم رعایت حجاب در زمان شیر دادن اجازه پرواز ندارم و باید به کمیته بروم. هواپیما سه ساعت تأخیر داشت و من مجبور بودم در این فاصله به نوزادم شیر بدهم. اول گفتند حق نداشتید در ملأ عام به نوزاد شیر بدهید من گفتم پتو رویش کشیده بودم نوزاد هم هر سه ساعت یکبار باید شیر بخورد نمی‌گذارید که بیرون از سالن ترانزیت بروبم چکار کنم و اصلاً جایی برای مادران در نظر گرفته‌اید؟ گفتند می‌توانی در دستشویی به بچه‌ات شیر بدهی. من گفتم جای نشستن ندارد و بسیار آلوده است بعد یکی از ماموران گفت اصلاً حجابت هم کامل نیست منظورش روسری من بود که سفت بسته بودم اما چند تار مویم که عرق کرده بودم بیرون بود. گفتند برو وسایلت را بیاور و برو کمیته شهر. من به سالن برگشتم مردم پرسیدند چی شد؟ من جواب دادم پرواز مرا لغو کردند و گفتند برو کمیته. یک خانمی جلو آمد و چادر سرش بود به من گفت کارت پروازت را به من بده و کارت مرا بگیر خارج شو و من همین کار کردم و سوار هواپیما شدم. زمان جنگ بود پروازها محدود بود و انتظارها طولانی و تمام مدت چون به نوزاد نصفه شیر داده بودم فریاد می‌زد و گریه می‌کرد و من هم با او گریه می‌کردم. به خیر گذشت اما وحشت حمله پاسداران مسلح کابوسی شد برایم."

علاوه بر این در مواردی از کنترل حجاب زنان ایرانی در خارج از کشور به عنوان یک عامل فشار استفاده شده، به گونه‌ای که در تیرماه ۱۳۹۱، غلامحسین محسنی اژه‌ای، سخنگوی قوه قضائیه از ممنوع‌الخروج شدن

---

[۱] شهادت شهلا فروزان، عدالت برای ایران، بهمن ۱۳۹۲

برخی زنان هنرمند حاضر در میهمانی‌های خارج از کشور به دلیل رعایت نکردن حجاب اسلامی خبر داد. او به خبرنگاران گفت که افراد ممنوع‌الخروج شده "برای شرکت در جشنی و به بهانهٔ دریافت جایزه به خارج از کشور دعوت شده و در دام این افراد گرفتار شده بودند."[۱]

نقض تعهدات بین‌المللی جمهوری اسلامی درباره حق آزادی حرکت

توقیف خودروهای شخصی زنان به دلیل عدم رعایت معیارها و قواعد حجاب و ممانعت پلیس فرودگاه از سفر زنان به خاطر اسلامی نبودن پوشش آنها نقض کنندهٔ حق آزادی حرکت است مندرج در ماده ۱۲ میثاق بین‌المللی حقوق مدنی و سیاسی است که بر اساس آن: "هر کس قانوناً در سرزمین دولتی مقیم باشد حق عبور و مرور آزادانه و انتخاب آزادانه مسکن خود را در آنجا خواهد داشت."

همچنین محرومیت زنان از استفاده از امکانات فرودگاهی و خیابان‌های شهر، مصداق نقض کننده بند ۲ ماده ۲۱ اعلامیه حقوق بشر است که بر اساس آن: "هر شخصی حق دسترسی برابر به خدمات عمومی در کشور خویش را دارد."

۹. نقض حق دسترسی به امکانات بهداشتی و درمانی

محرومیت زنان از خدمات عمومی برای رعایت حجاب، فقط شامل مواردی چون سفر یا استفاده از امکانات تفریحی و فرهنگی نیست و در حوزه‌های ضروری‌تری همچون ارایه خدمات درمانی نیز اعمال می‌شود. اجباری بودن چادر در برخی بیمارستان‌های دولتی یا استقرار مامورانی که

---

[۱] مریم حسین‌خواه، دیدبان زنان: نگرانی از کاهش سن ارتباط با جنس مخالف، رادیو زمانه به نقل از خبرگزاری وفا، ۱تیر ۱۳۹۱

از ورود زنانی بدون حجاب کامل اسلامی ممانعت می‌کنند، از دیگر مواردی است که حقوق شهروندی زنان برای استفاده از خدمات عمومی را به صراحت زیر سوال می‌برد.

با اینکه فهرست مشخصی از بیمارستان‌هایی که چادر در آن اجباری است وجود ندارد، اما در تهران بیمارستان‌هایی همچون بقیه‌الله و نجمیه که وابسته به سپاه پاسداران هستند، با اجباری کردن چادر اجازه نمی‌دهند که بیماران و همراهان آن بدون چادر وارد بیمارستان شوند. در بیمارستان چمران که مخصوص نیروهای مسلح است نیز قبلاً چادر اجباری بود در سال‌های اخیر با وجود برداشته شدن این ممنوعیت، ماموران مستقر در جلوی بیمارستان به شیوهٔ پوشش و آرایش زنان نظارت می‌کنند و زنانی که مانتوی آنها کوتاه باشد یا آرایش کرده باشند، اجازه ورود به بیمارستان را نمی‌دهند. این ممنوعیت در برخی بیمارستان‌های شهرهای دیگر همچون بیمارستان صدوقی شهر اصفهان نیز اعمال می‌شود.

مرضیه رسولی، خبرنگار ساکن تهران، که پدرش در زمستان ۱۳۹۲ در بیمارستان بقیه‌الله بستری شده، در صفحه فیس‌بوکش نوشت که بیمارستان بقیه‌الله زنان رو بدون چادر راه نمی‌دهد و اگر کسی چادر همراهش نباشد مامورانی که جلوی در بیمارستان مستقر هستند با گرو گرفتن کارت شناسایی، چادر مشکی به بیماران و همراهان‌شان می‌دهند. ورود با آرایش هم به بیمارستان ممنوع است و قبل از ورود دستمال مربوط می‌دهند و باید آرایش و لاک پاک شوند. بر اساس این گزارش در این زمینه فرقی بین بیمار و همراهانش وجود نداد و فقط در صورتی که بیمار "قادر به سرپا ماندن نباشد" می‌تواند بدون چادر داخل بیمارستان شود.[1]

شروین رمضانی‌زاده که منزلش در خیابان شیخ بهایی، نزدیکی بیمارستان بقیه‌الله است نیز هنگامی که به عنوان یک بیمار به این بیمارستان

---

[1] صفحه فیس بوک مرضیه رسولی، ۷ بهمن ۱۳۹۲

مراجعه کرده، از ورود او بدون چادر ممانعت شده است. او در شبکه اجتماعی فیس‌بوک نوشته است که هنگامی که به خاطر بالا رفتن فشارش به صورت اورژانسی به بیمارستان مراجعه کرد، به او گفته شد که اول باید چادر به سر کرد. او می‌گوید با اینکه از درد بخیه‌هایم «دولا دولا راه می‌رفتم» از بیمارستان خارج شدم و خودم را به بیمارستان خاتم‌الانبیا رساندم.[۱]

برخی مراکز درمانی، پذیرش بیماران و همراهان آنها را مشروط به پوشیدن چادر می‌کنند

در شماری از مراکز درمانی نیز به صورت علنی تابلویی را به دیوار نصب کرده‌اند که بر اساس آن به زنانی که چادر به سر نداشته باشند خدمات درمانی ارایه نمی‌شود. مجتمع درمانی کوثر واقع در شهرک شهید محلاتی در شمال تهران که وابسته به سپاه پاسداران است، یکی از این مراکز درمانی است.

نقض تعهدات بین‌المللی جمهوری اسلامی درباره حق دسترسی به امکانات بهداشتی و درمانی

ممانعت زنانی که چادر به سر ندارند از ورود به مراکز درمانی و بیمارستان‌ها، حق آنها برای دسترسی به امکانات درمانی و بهداشتی را که

---

[۱] برای خواندن نمونه‌های بیشتری از تجربیات بیماران در ارتباط با اجباری بودن چادر در این بیمارستان نگاه کنید به: وبلاگ یک سبد سلامتی، ۷ آذر ۱۳۹۱؛ و وبلاگ یادداشت‌های یک دخترحاجی، ۹ بهمن ۱۳۸۷

[۱] صفحه فیس بوک مرضیه رسولی، ۷ بهمن

مطابق ماده ۱۲ میثاق بین‌المللی حقوق اقتصادی- اجتماعی و فرهنگی به رسمیت شناخته شده نقض می‌کند.

۱۰. نقض حقوق زنان از سوی تندروهای مذهبی و نیروهای شبه‌دولتی

در حالی‌که قوانین و مقررات تعین شده از سوی جمهوری اسلامی ۷۰ ضربه شلاق، جریمه نقدی و حبس ۱۰ روز تا دو ماه را برای بی‌حجابان تعیین کرده است. طی دهه اول انقلاب موارد بسیاری از آزار و اذیت زنان به دلیل نداشتن حجاب یا رعایت نکردن حجاب کامل اسلامی ثبت شده است. با شدت گرفتن برخوردهای نیروهای رسمی حاکمیت با پوشش زنان در دهه‌های بعد، از تعداد برخوردهای غیررسمی از سوی مذهبیون انقلابی و سنتی با زنان کاسته شد اما این روند هیچ‌گاه متوقف نشد و زنانی که حجاب اسلامی کامل ندارند همچنان با برخوردهای تندروهای مذهبی و همچنین مزاحمت‌های خیابانی روبرو هستند.

نریمان رحیمی[1] در رابطه با آزار و اذیت تندورهای مذهب در رابطه با حجاب می‌گوید:

"نیمه‌های سال ۱۳۶۳ موقع رانندگی در وسط خیابان ولی‌عصر در میان عده‌ای از زنان سیاه‌پوش چادری محاصره شدیم که با مشت روی ماشین و شیشه می‌کوبیدند و به همسرم از آن فحش‌های آنچنانی می‌دادند و مرا هم به فحش‌های بی‌ناموس و بی‌غیرت مفتخر می‌کردند. همسرم هم مانتو پوشیده بود و هم یک روسری رنگ روشن سر کرده بود. اما به نظر می‌رسید که منظور آن گروه زنان این بود که فقط چادر حجاب است. یک عده آدم تهییج شده و عصبی بودند که فقط روی ماشین می‌کوبیدند و شعار مرگ بر بی‌حجاب می‌دادند

---

[1] شهادت نریمان رحیمی، عدالت برای ایران، بهمن ۱۳۹۲

و به من و همسرم فحش می‌دادند. آنها یک گروه بودند و ما هم که نمی‌توانستیم حرف بزنیم. خیلی وقت‌ها اینها از طرف پاترول‌های گشت ثارالله و بقیهٔ گشت‌های کمیته که مخصوص بازداشت زنان و دختران به خاطر رعایت نکردن حجاب بود، حمایت می‌شدند و بحث و گفتگو با آنها یعنی ضرب و شتم و بعد هم سر از کمیته و زندان درآوردن. ۱۰ دقیقه‌ای ادامه دادند. مشت‌ها اما هم بر ماشین زده می‌شد و هم به روح و روان ما."

او با اشاره به اینکه آن روزها هر از چندی تظاهرات مقطعی بر ضد بی‌حجابی در خیابان‌ها به راه می‌افتاد، ادامه می‌دهد:

"در آن سال‌ها مفهوم بدحجاب وجود نداشت. یک سخنرانی خمینی یا رفسنجانی و امثال اینها کافی بود تا موجی مقطعی در کشور و بخصوص تهران و شهرهای بزرگ به راه بیافتد. معمولاً تظاهر کننده‌ها خانواده‌های شهدا یا پاسداران و بسیجی‌ها بودند. بیشتر از طرف پایگاه‌های بسیج و مساجد محلی سازمان‌دهی می‌شدند. مثلاً آن روز که ما تجربه کردیم حوالی میدان ولی‌عصر بود. خوب معلوم است که یک ارگانی یا سازمانی لازم بود تا ۷۰-۸۰ نفر زن را از مناطق جنوبی تهران بیاورد به ولی عصر که آن موقع یک جوری بالای شهر محسوب می‌شد. یک روش دیگرشان هم به راه‌اندازی دسته‌های موتورسوار بود که شعار ضد بی‌حجاب می‌دادند و در جاهایی مثل میدان ولی عصر که مرکز خرید بالا شهر بود ایجاد وجشت می‌کردند."

تظاهرات انصار حزب‌الله، یکی از گروه‌های اصلی بسیج، علیه بدحجابی، اردیبهشت ۱۳۸۶، تهران

مزاحمت‌های خیابانی اگرچه زنان با حجاب را نیز در بر می‌گیرد اما زنانی که پوشش اسلامی کامل ندارند، در مقابله با چنین آزارهایی از حمایت پلیس و گاه حتی مردم کوچه و خیابان برخوردار نیستند و در بسیاری از موارد دلیل این برخورد به طور مستقیم به نوع پوشش آنها مربوط است.

سارا، زن ۲۵ ساله‌ای که در تهران زندگی می‌کند می‌گوید: "هر دفعه که در برابر متلک شنیدن یا دستمالی شدن از سوی مردهای مزاحم اعتراض کرده‌ام و صدایم به اعتراض بالا رفته، مردمی که در اطرافم بوده‌اند خود من را مورد شماتت قرار داده و گفته‌اند که اگر پوشیده‌تر لباس می‌پوشیدی یا آرایش نمی‌کردی، کسی مزاحمت نمی‌شد. سراغ پلیس رفتن هم بی‌فایده است چون امکان دارد که خودم را به خاطر بدحجابی توبیخ یا حتی بازداشت کنند."[1]

علاوه بر مردان مزاحمی که شیوه پوشش زنان را بهانه آزار خیابانی آنها قرار می‌دهند یا افراد تندرو مذهبی که برخورد با زنان بی‌حجاب را وظیفه دینی خود می‌دانند، سیاست‌های رسمی جمهوری اسلامی نیز به نیروهای مذهبی طرفدار حکومت که در قالب بسیج سازماندهی شده‌اند این اختیار را داده که با بی‌حجابی و "بدحجابی" زنان برخورد کنند.

بر اساس آیین‌نامه "راهبردها و راهکارهای گسترش فرهنگ عفاف" که در سال ۱۳۸۴ به تصویب شورای عالی انقلاب فرهنگی رسید، نیروهای بسیج موظف هستند، "پس از کسب آموزش‌های لازم در بعد- نظارت اعم از محسوس و غیرمحسوس- جامعه و مراکزی مانند مدارس، دانشگاه‌ها، مساجد و محلات و ادارات و ... پیرامون مسأله عفاف بر اساس ضوابط قانونی اقدام کنند." همکاری بسیج به عنوان "معتمد و ضابط قوه قضائیه و ناجا

---

[1] شهادت سارا (اسم مستعار)، عدالت برای ایران، دی ۱۳۹۲

در اماکن عمومی جامعه" و "ترویج فرهنگ عفاف در محیط‌های مأموریتی خود نظیر: ادارات، سازمان‌ها، کارخانجات و ... در بین کارمندان، شاغلین و مراجعه‌کنندگان" از دیگر وظایف تعیین شده برای نیروهای بسیج است که به آنها اجازه می‌دهد با زنانی که حجاب کامل اسلامی را رعایت نکرده‌اند، برخورد کنند.

بر اساس گزارش‌های منتشر شده، بسیج در سال‌های اخیر با سازماندهی بخشی از اعضای خود در غالب گروه‌های "ناصحان" وظیفه "تذکر شفاهی و همکاری با نیروی انتظامی در برخورد با بدحجابی" را به آنها محول کرده است. شمار بسیجیان عضو در "گروه ناصحان" در مراکز استان‌ها بین ۵۰۰ تا ۲۰۰۰ نفر اعلام شده است.[۱] مانورهای دست‌جمعی موسوم به "تذکر لسانی" برای توبیخ زنانی که حجاب کامل اسلامی ندارند و تشویق افراد مذهبی به برخورد با پوشش زنان در اماکن عمومی[۲] از دیگر آزار و اذیت‌هایی است که از سوی نیروهای غیررسمی که از حمایت حکومت برخوردارند بر زنان تحمیل می‌شود.

آزار و اذیت زنان بی‌حجاب و بدحجاب از سوی نیروهای بسیج و عدم حمایت حکومت از زنان مورد آزار قرار گرفته از دیگر موارد نقض حقوق بشر در این زمینه است. بر اساس ماده ۱۲ اعلامیه حقوق بشر: "هیچ احدی نمی‌بایست در قلمرو خصوصی، خانواده، محل زندگی یا مکاتبات شخصی، تحت مداخله [و مزاحمت] خودسرانه قرار گیرد. به همین سیاق شرافت و آبروی هیچ‌کس نباید مورد تعرض قرار گیرد. هر کسی سزاوار و محق به حفاظت قضایی و قانونی در برابر چنین مداخلات و تعرضاتی است." همچنین همانطور که گفته شد، پلیس و نیروهای دولتی وظیفه خود را برای ممانعت

---

[۱] مانور تذکر لسانی شروع شد. شهرام رفیع زاده، روز آنلاین، ۲۰ دی ۱۳۸۶

[۲] نگاه کنید به سایت حیا و خاطره‌هایی که در رابطه با برخورد با حجاب زنان در این سایت منتشر شده است. http://hayauni.ir/memoirs-index

از نقض حقوق زنان از سوی اشخاص یا نیروهای شبه دولتی انجام نمی‌دهند که ناقض تعهدات بین‌المللی دولت برای انجام اقدامات پیشگیرانه یا تنبیهی ناقضان خصوصی حقوق بشر است.

شادی امین که در آن سال‌ها برای مقاومت در مقابل حجاب اجباری با موی کوتاه و تیپ "پسرانه" به خیابان می‌رفته و بارها در همین رابطه دستگیر شده یکی از این موارد را چنین بازگو می‌کند: سال ۱۳۶۰ بود. آذر ماه. جو امنیتی خیلی بدی در خیابان‌ها بود. همه جا ایست بازرسی و سنگرهای سیمانی و افراد مسلح. بهانهٔ همه اینها جنگ بود. ولی اینها وظیفه کنترل و مقابله با "ضد انقلاب" و "بدحجابان" را هم داشتند. هنوز گشت‌های مبارزه با منکرات راه نیفتاده بودند. من با یکی از رفقایم داشتم از جلوی دانشگاه تهران رد می‌شدم. جلوی در دانشگاه یک چادری برپا کرده بودند و سنگربندی، به اسم چادر وحدت. بین مردم معروف بود به چادر "وحشت". داشتیم رد می‌شدیم که یک‌دفعه پنج شش نفری از "پاسدارها" ریختند دور ما و ما رو دستگیر کردند. من کلاه سرم بود با کاپشن. وقتی آمدند من رو بازرسی بدنی کنند ترسیدم بفهمند دخترم و عصبانی شوند. خودم گفتم من دخترم!

پاسدار گفت اگر دختری حجابت کو؟ گفتم من آدم غُدّی هستم و چون امام اومده تو تلویزیون و فقط گفته که زن‌ها باید روسری سر کنند، و من قانع نشدم من هم روسری سر نمی‌کنم. طرف براش استدلال من کاملاً نو بود. گفت از سادگی و صداقتت خوشم میاد و باورت می‌کنم. یک زن را آوردند تا من را بازرسی بدنی کند. یک زن چادر مشکی با دستکش مشکی. آن خانم حاضر نبود به من دست بزند. گفتم خانم بخدا دخترم. آرام شروع کرد به تفتیش بدن من. از پایین پاهام شروع کرد... رسید به زانوها و بعد ران پام. وقتی وسط پایم رو لمس کرد و متوجه شد پسر نیستم، همونطور که روی زمین زانو زده بود سرش رو بالا گرفت و خطاب به من که با پای باز و دستان باز بی‌حرکت ایستاده بودم گفت: جنده! و من خنده‌ام را پنهان کرده و آروم گفتم: خواهر، من که گفتم دخترم!

برای اقنای من کتاب شریعتی و مطهری و چند کتاب دیگر رو معرفی کردند و پس از ساعت‌ها بازجویی پشت اون سنگر، شب ساعت ۹ شب از من تعهدی گرفتند و آزاد شدم.

شهادت شادی امین، عدالت برای ایران، بهمن ۱۳۹۲

۱۱. نقض حقوق کودکان

مشاهداتی که بر اساس برخورد گشت‌های ارشاد در سطح شهرهای مختلف به دست آمده حاکی از آن است، که طیف گسترده‌ای از زنان در سنین مختلف، پوشش‌های متفاوت و طبقات اجتماعی گوناگون تجربه بازداشت یا تذکر گرفتن به دلیل حجاب را داشته‌اند. مقامات رسمی اما کمتر گزارش آماری دقیقی در این زمینه منتشر کرده‌اند.

برخی گزارش‌های رسیده به عدالت برای ایران حاکی از این است که دامنهٔ بازداشت دختربچه‌ها به خاطر آنچه بدحجابی عنوان می‌شود، افراد زیر ۱۶ سال را نیز در بر می‌گیرد. چنانکه جلوه جواهری، فعال حقوق زنان در گزارشی که تیر ماه ۱۳۹۱ از بازداشت خود از سوی نیروهای گشت ارشاد منتشر کرده از دستگیری دختربچه‌های ۱۲ تا ۱۶ساله از سوی نیروهای انتظامی خبر داده است.[۱]

از سوی دیگر در حالی‌که قوانین شرعی سن ۹ سال را به عنوان بلوغ شرعی برای دختران تعیین کرده‌اند و پس از آن سن است که دختربچه‌ها ملزم به رعایت حجاب اسلامی هستند، قوانین جمهوری اسلامی ایران دختربچه‌ها را از سن ۷ سالگی مجبور به رعایت حجاب می‌کنند.
بر اساس این قوانین تمامی دختران از سن ۷ سالگی هم‌زمان با ورود به مدرسه باید مانتوی بلند، شلوار و مقنعه سر کنند. این قانون در محیط داخلی مدارس دخترانه که تمامی دانش‌آموزان و معلمان آن زن هستند نیز رعایت می‌شود و سرپیچی از آن مجازات‌هایی همچون توبیخ و کم شدن نمره انضباط را در پی دارد. به گونه‌ای که توبیخ و تنبیه به خاطر بیرون

---

[۱] جلوه جواهری، بار دیگر در خیابان‌های شهری که امن نیست. تارنمای تا قوانین خانواده برابر، ۱۳ تیر ۱۳۹۱

بودن موها در داخل مدارس دخترانه، یکی از خاطرات مشترک بسیاری از دختران دانش‌آموز در ایران است.

نقض تعهدات بین‌المللی جمهوری اسلامی درباره حقوق کودکان

گزارش‌ها مبنی بر بازداشت دختران زیر ۱۸ سال به خاطر بی‌حجابی یا بدحجابی در حالی است که بر اساس ماده ۱ پیمان جهانی حقوق کودک "منظور از کودک هر انسان دارای کمتر از ۱۸ سال سن است، مگر این که طبق قانون قابل اعمال در مورد کودک، سن قانونی کمتر تعیین شده باشد."

در حالی‌که بر اساس ماده ۳۷ پیمان‌نامه جهانی حقوق کودک "کشور-های عضو تضمین خواهند کرد که: هیچ کودکی مورد شکنجه یا سایر رفتارهای بیرحمانه، غیرانسانی یا تحقیرآمیز قرار نگیرد." دختران زیر ۱۸ سالی که به خاطر نوع پوشش‌شان بازداشت می‌شوند، همچون دیگر زنان بازداشت شده مورد بدرفتاری قرار می‌گیرند و علاوه بر این طی پروسه بازداشت همراه زنان بزرگسال نگهداری می‌شوند. این مورد در تناقض با بند پ ماده ۳۷ این پیمان‌نامه است که به صراحت اعلام کرده: "با هر کودکی که از آزادی محروم شده است رفتاری انسانی و همراه با احترام به مقام ذاتی انسان، و با توجه به نیازهای افراد هم‌سن او اعمال شود. به ویژه کودک محروم از آزادی باید از بزرگسالان جدا شود."

نتیجه گیری و توصیه‌ها

حجاب اسلامی، یعنی پوشاندن تمامی بدن به جز قرص صورت و دو دست و دو پا از مچ به پایین، برای همهٔ زنان ایرانی، از جمله کودکان و نیز پیروان مذاهب دیگر غیر از اسلام یا افراد بدون مذهب، از ۳۵ سال پیش تاکنون، اجباری شده است. یافته‌های گزارش تحقیقی "سی و پنج سال" به روشنی نشان می‌دهد اجباری کردن حجاب در پنج سال نخست پس از انقلاب، فقط با سرکوب شدید و نقض حقوق شهروندی زنان در زمینه‌های مختلف ممکن شده است. توبیخ، تهدید و بازداشت زنان بی‌حجاب، اخراج زنان بی‌حجاب از ادارات دولتی، اجبار دختران دانش‌آموز به داشتن حجاب اسلامی، عدم صدور گذرنامه بدون عکس با حجاب اسلامی، ممانعت از ورود زنان بی‌حجاب به اماکن عمومی، مقاومت در برابر دیده شدن تصویر زنان بی‌حجاب در تلویزیون و سینما، ضرب و شتم و تهدید زنان بی‌حجاب در خیابان‌ها و اماکن عمومی از سوی تندروهای مذهبی که گاه از سوی نیروهای بسیج و کمیته سازماندهی یا تهییج شده بودند، از جمله روش‌های تحمیل حجاب بر زنان بوده که جزئیات آن به تفضیل در این گزارش آمده است.

پس از موفقیت جمهوری اسلامی در اجباری کردن حجاب، شیوه‌های به کار گرفته شده برای تحمیل حجاب، ادامه یافت و این بار از این شیوه‌ها برای رعایت حجاب کامل و بر اساس مصادیق تعیین شده از سوی حکومت استفاده شد. به گونه‌ای که اگر در سال‌های نخست پس از انقلاب، سر نکردن روسری تبعاتی همچون بازداشت و اخراج از کار و دانشگاه را به دنبال داشت، از اواسط دهه ۶۰ بیرون بودن موی سر، کوتاه یا تنگ بودن لباس زنان و داشتن آرایش، زنان را در معرض آزار و اذیت در اماکن عمومی، محل کار و دانشگاه و مدرسه قرار می‌داد و ابتدایی‌ترین حقوق شهروندی آنان را نقض می‌کرد. بر اساس برخی آمارهایی که در رسانه‌ها و از سوی مقامات رسمی حکومت منتشر شده، در ۱۰ سال گذشته (۱۳۸۲-۱۳۹۲) هزاران زن در

شهرهای مختلف ایران به دلیل نداشتن حجاب کامل اسلامی بازداشت شده و صدها هزار زن از سوی ماموران گشت ارشاد مورد توبیخ و توهین قرار گرفته‌اند.

اصل اجباری بودن حجاب برای زنان، با ایجاد یک نظام تبعیض جنسیتی ساختاری علیه زنان، ناقض اصل جهان‌شمول منع تبعیض است. همچنین حجاب اجباری، حق آزادی عقیده و بیان زنانی را که نمی‌خواهند حجاب داشته باشند، نقض می‌کند. اعمال حجاب اجباری علاوه بر نقض اصل عدم تبعیض، در بسیاری دیگر از عرصه‌های زندگی روزمره نیز ابتدایی‌ترین حقوق شهروندی زنان را زیرپا گذاشته و مجازات‌هایی همچون بازداشت، شلاق و جریمه نقدی را نیز در پی داشته که اغلب با توهین و آزار و اذیت و گاه حتی با شکنجه‌هایی شدیدتر همراه بوده است. در عین حال، اجرای مقررات حجاب اجباری در موارد قابل توجهی باعث محرومیت زنان از برخورداری از حق تحصیل، حق اشتغال، حق امنیت، حق دسترسی به امکانات بهداشتی و درمانی، حق شرکت در زندگی فرهنگی و حق آزادیِ حرکت شده است. حقوقی که در اعلامیه جهانی حقوق بشر، میثاق‌های بین‌المللی حقوق مدنی- سیاسی و حقوق اقتصادی- اجتماعی و فرهنگی و نیز کنوانسیون حقوق کودک که جمهوری اسلامی ایران متعهد به اجرای آن است، به رسمیت شناخته شده است.

عدالت برای ایران با انتشار گزارش "سی و پنج سال در حجاب"، تلاش دارد بار دیگر بر اجرای خواسته‌های ذیل تأکید کند:

۱. جامعه مدنی، به خصوص سازمان‌های مدافع حقوق بشر توجه درخور به موضوع حجاب اجباری، به مثابه یک نقض گسترده و سازمان یافته حقوق بشر در ایران نشان دهند و از تمامی امکانات خود برای پایان دادن به این خشونت دولتی علیه زنان استفاده کنند.

۲. روزنامه نگاران، خبرنگاران و رسانه‌های گوناگون به موضوع حجاب اجباری توجه لازم را معطوف داشته و اخبار مربوط به نقض حقوق زنان از یکسو و مقاومت زنان را از سوی دیگر بیش از پیش مورد توجه قرار دهند و با فراموشی و عادی سازی این نقض گسترده حقوق زنان مقابله کنند.

۳. جمهوری اسلامی ایران تعهد خود به اعمال اصل عدم تبعیض و اصل آزادی عقیده و بیان را اجرا و تمامی قوانین و سیاست‌های حجاب اجباری را لغو کند.

۴. ماموریت گشت‌های ارشاد لغو و به نقض حقوق زنان از راه آزار و اذیت، توبیخ و تذکر، بازداشت، شکنجه و محکومیت، به دلیل عدم رعایت مقررات مربوط به حجاب پایان داده شود.

۵. محروم کردن زنان از حق تحصیل، حق اشتغال، حق شرکت در زندگی فرهنگی، حق دسترسی به خدمات عمومی، حق آزادی حرکت و حق داشتن امنیت روانی، به دلیل سرپیچی از مقررات مربوط به حجاب، پایان یافته و برای جبران خسارت حقوق از دست رفته زنان اقدامات لازم به عمل آید.

۶. تمام افراد یا نهادهای غیردولتی که به دلیل عدم رعایت موازین شرعی مربوط به حجاب، زنان را مورد آزار و اذیت قرار می‌دهد، تحت تعقیب و مجازات قرار گیرند.

۷. جمهوری اسلامی باید حقوق کودکان دختر را مبنی بر خودداری از اعمال تبعیض جنسیتی به رسمیت بشناسد و قوانین مربوط به اجباری بودن حجاب در مدارس را لغو کند.

۸. تمامی دولت‌های عضو جامعه بین‌المللی باید از جمهوری اسلامی ایران بخواهند به تعهدات بین‌المللی خود عمل کند و اصل عدم

تبعیض و آزادی عقیده و بیان را در مورد زنانی که نمی‌خواهند حجاب داشته باشند به رسمیت بشناسد و به آزار و اذیت و محرومیت آنها از حقوق بنیادین بشر خاتمه دهد.

۹. سازمان ملل متحد، به خصوص گزارشگر ویژه خشونت علیه زنان، گروه کاری سازمان ملل متحد دربارهٔ تبعیض جنسیتی در قانون و عمل و گزارشگر ویژه بررسی وضعیت حقوق بشر در ایران، موضوع "حجاب اجباری" در ایران را در دستور کار خود قرار دهند و از تمامی روش‌ها برای وادار کردن جمهوری اسلامی به لغو حجاب اجباری استفاده کنند.

منابع

- روزنامه اطلاعات
- روزنامه اعتماد
- روزنامه اعتماد ملی
- روزنامه جمهوری اسلامی
- روزنامه سرمایه
- روزنامه سیاست روز
- روزنامه کیهان
- ماهنامه نسیم آنلاین
- خبرگزاری جمهوری اسلامی (ایرنا)
- خبرگزاری دانشجویان ایران (ایسنا)
- خبرگزاری فارس
- خبرگزاری کار ایران
- خبرگزاری مهر
- خبرگزاری وفا
- بی بی سی فارسی
- دویچهووله
- رادیو زمانه
- رادیو فردا
- روز آنلاین
- تارنمای آفتاب
- تارنمای رجا نیوز
- تارنمای اهر وصال
- تارنمای تا قوانین خانواده برابر
- تارنمای توانا
- تارنمای حیا
- تارنمای خبرآنلاین
- تارنمای دیگربان
- تارنمای صراط
- تارنمای گویا نیوز
- تارنمای مشرق نیوز
- تارنمای مهرخانه
- تارنمای میدان زنان
- گزارش سالانه وضعیت دانشجویان در ایران، از تیر ۱۳۸۷ تا خرداد ۱۳۸۸
- گزارش کمیسیون زنان دفتر تحکیم وحدت از خشونت علیه دختران دانشجو، ۱۳۹۱
- شادی صدر، مجموعه قوانین و مقررات پوشش در جمهوری اسلامی ایران، انشارات کتاب نیلی، تهران ۱۳۸۸
- نوشین احمدی خراسانی، حجاب و روشنفکران، ناشر: مؤلف، تهران. ۱۳۹۰
- وبلاگ نوشیدنی و رویا
- وبلاگ جایی برای ننوشتن
- وبلاگ کوپه شماره هفت
- وبلاگ یادداشت‌های یک دخترحاجی
- وبلاگ یک سبد سلامتی
- صفحه فیس بوک برابری زن= مرد
- صفحه فیس بوک مرضیه رسولی
- صفحه فیس بوک فریده غایب

گفت‌وگو با شاهدان نقض حقوق شهروندی زنان به دلیل رعایت نکردن حجاب اسلامی

۱. آکان محمدپور
۲. آناهیتا (اسم مستعار)
۳. بهجت حمیدی
۴. زینب پیغمبرزاده
۵. سارا (اسم مستعار)
۶. سیما غیاثی
۷. شادی امین
۸. شهلا (نام مستعار)
۹. شهلا فروزان
۱۰. طاهره دانش
۱۱. لیلا (اسم مستعار)
۱۲. مریم ابدالی
۱۳. مژگان.ر.
۱۴. مهتاب (اسم مستعار)
۱۵. مهیار ضیایی
۱۶. میترا شجاعی
۱۷.مینا (اسم مستعار)
۱۸. نریمان رحیمی
۱۹. نساء
۲۰. نگار. الف

ضمیمه

نوشته های منتشر شده
در رویداد فیس‌بوکی
«سی و پنج سال در حجاب»

حجاب اجباری با زندگی زنان چه می‌کند؟

«عدالت برای ایران» ۱۷ اسفند ۱۳۹۲ (هشت مارس ۲۰۱۴) در سی و پنجمین سالگرد آغاز روند اجباری شدن حجاب در ایران، با انتشار گزارش تحقیقی «۳۵ سال حجاب اجباری، نقض گسترده حقوق زنان در ایران» تأثیرات و تبعات اجباری شدن حجاب اسلامی بر زندگی زنان در ایران را بررسی کرد. هم‌زمان با انتشار این گزارش در رویداد فیس‌بوکی با عنوان «سی و پنج سال در حجاب» از همگان خواسته شد که تجربهٔ خود از حجاب اجباری را بنویسند. این‌که دقیقاً چه موقعی و از سوی چه کسی یا کسانی، مجبور به رعایت حجاب شدند، این‌که حس‌شان در آن موقعیت چه بود و چه واکنشی نشان دادند. آیا مقاومت کردند یا پذیرفتند و اگر مقاومت کردند، چگونه بود و چه واکنشی به دنبال داشت. نوشته‌های ۹۰ زن و مردی که در این رویداد فیس‌بوکی به ثبت رسید، شاهدی دیگر بر موارد مطرح شده در این گزارش در رابطه با نقض حقوق شهروندی زنان به خاطر حجاب اجباری بود. گزارش زیر مروری بر برخی از نوشته‌های ثبت شده در این رویداد فیس‌بوکی است که تأثیر حجاب اجباری بر زندگی زنان را از زوایای مختلف بررسی می‌کند.

از آنجا که یکی از سوالات اصلی این فراخوان دربارهٔ اولین اجبار به حجاب بود، بسیاری از نوشته‌ها در رابطه با نقض حقوق کودکان به دلیل حجاب اجباری و حتی تحمیل حجاب به دختربچه‌ها در سنین قبل از ۹ سالگی است. علاوه بر این در شمار زیادی از نوشته‌ها به نقض حق اشتغال و حق تحصیل زنان به دلیل تن ندادن به حجاب اجباری اشاره شده است. از بین رفتن امنیت روانی زنانی که مجبور به پوشاندن سر و بدن‌شان شده‌اند و یا به دلیل سرپیچی از مقررات حجاب مجازات شده‌اند بخش دیگری از این نوشته‌ها است. همچنین برخی مواردی که به دلیل محدودیت زمانی در گزارش عدالت برای ایران، به آنها پرداخته نشد و بررسی آنها به فرصتی دیگر موکول شدند نیز در این نوشته‌ها مورد توجه قرار گرفته‌اند. تحمیل حجاب

اجباری بر زندانیان سیاسی، نقش افراد جامعه اعم از مذهبی، غیرمذهبی و حتی طرفداران گروه‌های چپ در وادار کردن زنان به داشتن حجاب و نقش مردان در تن دادن زنان به حجاب اجباری، از جمله این موارد هستند.

کودکانی که مجبور به حجاب‌اند

در حالی‌که برخی آمارهای رسمی و گزارش‌های رسیده از ایران حاکی از بازداشت دختران زیر ۱۸ سال (و حتی سنین پایین ۱۲ سال) به دلیل نداشتن حجاب کامل اسلامی است، تجارب ثبت شده از اجبار حجاب بر کودکان نیز این آمار و گزارش‌ها را تأیید می‌کنند.

روشنک مرادی اولین مواجهه‌اش با حجاب اجباری را این‌گونه می‌نویسد:

«بارِ اول ده سالم بود. دایی و پسر داییم از دانمارک اومده بودن؛ همه یهویی هوس کردیم بریم دربند، داشتیم برای خودمون خوش می‌گذروندیم، که یه آقای سرباز یا بسیجی که یه چیزی تو مایه‌های مسلسل هم بهش آویزون بود گیر داد به من، خب بچه ده ساله که مانتو و روسری سرش نمی‌کنه؛ قدم بلند بود ولی فقط ده سالم بود... نمی‌دونم چی شد فقط تو یه دقیقه دیدم کل خانواده من، برادرم، داییم، خواهرم دارن با آقای بسیجی دعوا می‌کنن و اون هم مسلسلشو می‌گرفت سمت ما و من حتی نمی‌تونستم حرف بزنم فقط خیره شده بودم از ترس، یادم نیست چطور این ماجرا تموم شد ولی خوب یادمه مامانم که از روسری و مانتو متنفر بود منو برد پاساژ قائم و برام مانتو خرید و گفت اینجوری کمتر دیگه اذیتت می‌کنن».

آنا ایرانی که در زمان پیروزی انقلاب ۹ ساله بود، از اجباری شدن حجاب در مدارس دخترانه می‌نویسد و ترس و نگرانی خانواده از بازداشت او که بی روسری به خیابان می‌رفت یا روسری‌اش را تا می‌توانست عقب می‌کشید:

«هنوز چشمای نگران و وحشتزدهٔ برادر هفت ساله‌ام رو می‌بینم... به مامانم التماس می‌کرد که من رو مجبور کنه روسریم رو بکشم جلو؛ مبادا گشت من رو بگیره، مبادا تو مدرسه تنبیه بشم. هنوز صدای مشروب خورده و مست بابام رو می‌شنوم که از یه طرف به مامان می‌گفت:"ولش کن بذار هر کاری می‌کنه بکنه مگه ما زندان نرفتیم؟ هیچی نمی‌شه." از طرفی دیگه به من می‌گفت:"بابا ما رو گرفتار این دیوثا نکن." هنوز اضطراب مامانم رو که مثل زیر موجی همیشه حاضر بود حس می‌کنم. غیر از اینا دیگه زیاد یادم نیست، سیزده سالم بود که از ایران آوردنم بیرون»

برای برخی از دختربچه‌ها حجاب اجباری با تهدید به محرومیت از خدمات عمومی شهروندی آغاز شده است. چنانکه کاربری با نام "هما ای اس" می‌نویسد:

«از یک لچک کوچک فیروزه‌ای شروع شد. اول راهنمایی یا یک همچین سن و سالی داشتم، ریزنقش بودم و موهایم که معمولا کوتاه بود شباهتم‌ام می‌داد به پسرها. انقدرهم شبیه برادر دو سال کوچکترم بودم که کسی تردید نمی‌کرد. یک بار در فرودگاه همان سال‌های اول راهنمایی، مسئول گیت ورودی به مادرم گفت از دفعه بعدی بدون روسری راهش نمی‌دهیم توی هواپیما»

مهده عقیلی نیز به شرایط سخت حجاب اجباری در داخل مدارس دخترانه اشاره می‌کند و از تأثیر رفتارهای خشن مسئولان مدرسه برای تحمیل حجاب می‌گوید:

«دوران راهنمایی ناظم بسیار تندخو و عصبی داشتیم که به مسئله حجاب حساسیت زیادی داشت. اول یا دوم راهنمایی که بودم جلویِ موهام را کوتاه کرده بودم و خب چون خیلی کوتاه شده بود علی‌رغم تلاش من اومده بود بیرون از مقنعه. همین‌طور سر صف تو حال و

هوای خودم بودم که یهو دست ناظممون را جلو صورتم دیدم و بعد اشکام از شدت سوزشِ پوست سرم ناخودآگاه ریخت. اون زن، با وحشیانه‌ترین حالت ممکن موهامو کشیده بود که به قولِ خودش کنده شه. بعدم که دنیایی از فحش رو نثارم کرد، حس تحقیر خیلی بدی بهم دست داد که هرگز از خاطرم نمی‌ره و درد. دردِ عجیبی که از اون روز برایِ همیشه رویِ روحُ روانِ من مونده تا امروز. مادرم می‌گفت تو که ناظمتون را می‌شناختی باید حواست بود که موهات بیرون نیاد، همش فک می‌کردم چرا مادرم منو مقصر می‌دونه.»

تحمیل حجاب اجباری بر دختربچه‌ها محدود به این‌گونه رفتارهای خشونت‌آمیز نیست و گاه چنانکه تارا ابدیالی نوشته، به صورت گسترده‌تر و عمیق‌تری ذهن و روان کودکان را زیر فشار قرار می‌دهد. تارا تجربه خود از اجباری بودن چادر در دبستانش را این‌گونه نوشته است:

«سال ۱۳۷۳، در "دبستان شاهد" اهواز ثبت نام کردم که چادر اجباری بود. برای من که تا آن روز مذهب و حجاب هیچ تعریفی نداشت، چادر به سر کردن همراه با کیف و کتاب مصداق شکنجه بود. در خانواده‌ام هیچ آموزش دینی ندیده بودم و بیرون از خانه هم هیچ وقت روسری سرم نمی‌کردم اما مقررات مدرسه‌ی جدید مادرم را مجبور کرد که یک چادر کوچک برایم بدوزد. ناظم‌های مدرسه حواسشان بود موقع ورود و خروج از مدرسه چادرمان سرمان باشد. اوایل چادرم را دستم می‌گرفتم یا موقع پیاده شدن از سرویس مدرسه سرم می‌کردم اما بعد از تذکرهای متعدد فهمیدم هر سرویس یک نماینده دارد که اسم "بدحجاب‌ها" را گزارش می‌کند. چادرم را که روی کوله پشتی می‌پوشیدم شبیه پیرزن‌های قوزکرده می‌شدم، اما بعد از مدتی شرمندگی به آن هم عادت کردم. اگر ناظری، مهمانی، شخص مذکری سرزده می‌آمد که کلاس‌ها را بازدید کند، همه می‌دویدند به یک گوشه‌ای که چادرشان را سر کنند، مبادا "نامحرم"

ما کودکان ۹-۸ ساله را با مانتو و مقنعه ببینند. این رفتارها کم کم برایم عادی شد و با ورود مردان به فضای مدرسه حس "برهنگی" می‌کردم. سه سال بعد که مدرسه‌ام را عوض کردم، با این که چادر اجباری نبود، هنوز خودم را موظف می‌دانستم چادرم را نگه دارم. محیط متفاوت آموزشی و دوستان غیرمذهبی باعث شدند کم کم آموزه‌های مذهبی را کنار بگذارم و هرگز دلم برای آن روزها تنگ نشود»

زنان شاغل اولین قربانیان حجاب اجباری

اولین ترکش‌های حجاب اجباری به زنان شاغل و به ویژه کارمندان دولتی اصابت کرد. بسیاری از زنان کارمند پس از بی‌نتیجه ماندن اعتراضات-شان مجبور به تن دادن به حجاب اجباری شدند. این تحمیل اما برای آنان آسان نبود. آنا ایرانی در همین زمینه از تجربه مادرش می‌نویسد که در زمان انقلاب سرپرستار بیمارستان خمینی (پهلوی) بود:

«اولین باری که مامانم مجبور شد با مقنعه بره سر کار جلوی گریه‌اش رو نتونست بگیره. بهشون گفته بودن که باید مقنعه و مانتوی کلفت و تیره بپوشن. مامانم با لجبازی تمام از لطیف‌ترین پارچه‌ها مانتو سرمه‌ای و مقنعهٔ سفید برای خودش دوخته بود. وقتی مسئولین بیمارستان ایراد گرفته بودن که این چه وضعیه؟ گفته بود پارچه مقنعه باید لطیف باشه برای این که من نمی‌شنوم مریض‌هام چی میگن. نمی‌دونم واسهٔ مانتو یا رنگ مقنعه چه عذری آورده بوده... اون موقع‌ها هنوز بیرون از بیمارستان حجاب اجباری نبود، مامانم از دروازهٔ بیمارستان بیرون نیومده مقنعه‌اش رو می‌کند و پرت می‌کرد صندلی عقب ماشین... نگهبان دم در بیمارستان ازش شکایت کرده بود که این خانوم شئونات اسلامی رو رعایت نمی‌کنه»

آصفه سا که در زمان انقلاب کارمند بوده نیز نوشته است:

«بدترین قسمت ماجرا اما برای من پوشش چادر اجباری بود که در محل کارم به من و بقیه همکارانم تحمیل شد. چند هفته مقاومت کردیم و دست آخر بخاطر کم شدن حقوقمان و تهدید به اخراج مجبور شدیم اطاعت کنیم و البته هنوز هم هستیم. محیط کار ما الان پر از خانم‌هایی‌است که با چادر آرایش غلیظ دارند یا نصف موهای‌شان بیرون است، چادرها خاکی و کثیف‌اند یا کج و کوله روی شانه و گردن آدم‌هاست اما باید باشد. ما نه تنها به حجاب اجباری محکومیم که حتی نوع و رنگ آن را هم حق نداریم انتخاب کنیم»

پس از تثبیت اجباری شدن حجاب هم این مساله همچنان اهرم فشاری برای زنان شاغل بود و در بسیاری از مواقع، اندکی تخطی از قوانین سخت‌گیرانه حجاب مانعی برای انجام وظایف حرفه‌ای یا بهانه‌ای برای تحقیر آنان بود.

هدی عمید، وکیل داگستری با اشاره به تجربه خود در دادگاه نوشته است:

«یکبار درست وقتی به عنوان وکیل در حال بحث حقوقی با ریاست دادسرا بودم و بعد از اینکه چند بار حرفاهایش را رد کردم و استدلال مخالف کردم یکباره گفت «تو اول حجابتو درست کن بعد با هم حرف می‌زنیم!»

ژیلا گل عنبر، روزنامه‌نگار نیز بهانه کردن حجاب برای طفره رفتن از پاسخگویی را اینگونه تجربه کرده است:

«در سال ۱۳۸۷ فاطمه آلیا نماینده مردم تهران در سردشت به من تذکر داد که حجابم رو درست کنم. یک دستم دوربین بود و دست دیگرم دفتری بزرگ و قلم؛ بهش گفتم: ممکنه دوربین رو بگیری؟ گفت: من که نمیتونم! ولی بعد دوربین رو گرفت که من روسری قرمز رنگم رو بکشم جلوتر؛ اما بهش گفتم: من علاقه‌ای به حجاب ندارم. او هم که جوابی برای سوالات من در ارتباط با مصدومان

شیمیایی سردشت نداشت، بهانه خوبی پیدا کرد و گفت: «چون شما حجابت رو درست نمیکنی، منم به سوالات جواب نمیدم!» بعد مشغول صحبت کردن با یک مرد شد؛ در حالیکه دور می‌شدم به او گفتم: «اما تو نماینده بی‌حجاب‌ها هم هستی»

او همچنین به مصاحبه ای که در سال ۱۳۷۹ که با ژاله شادی‌طلب، استاد دانشگاه داشت اشاره می‌کند و به نقل از این جامعه‌شناس می‌نویسد:

«من به عنوان یک استاد دانشگاه وقتی سر کلاس می‌رم، اول حواسم به اینه که مانتوم کوتاه نباشه؛ موهام از روسری بیرون نزنه؛ و بعد به تدریس فکر می‌کنم و این انرژی خیلی زیادی رو از ما می‌گیره؛ در حالیکه که استاد مرد بدون اینکه مجبور باشه به این چیزا فکر کنه، راحت بدون هیچ دغدغه‌ای تدریس‌اش رو شروع می‌کنه»

نوشتهٔ افروز مغزی، وکیل دادگستری یکی از نمونه‌هایی است که نشان می‌دهد چگونه اندکی تخطی از قوانین حجاب یا حتی تفاوت داشتن سلیقهٔ ماموران نظارت بر حجاب می‌تواند آنها را از ایفای وظیفه حرفه‌ای‌شان باز نگاه دارد:

«می‌خواهم وارد دادگاهی در شهری خارج از تهران شوم. فرم لباس مورد استفاده هر روزه من در دادگاه‌های تهران بی‌حجابی در دادگاه شهر دیگری شمرده می‌شود. سرباز جلو در از ورود من به دادگاه جلوگیری و از من می‌خواهد یا لباس مناسب پوشیده و یا از جایی چادر پیدا کنم وگرنه حق ورود به دادگاه ندارم. در برابر رفتار او مقاومت می‌کنم و می‌خواهم رییس دادسرا یا معاون او را ببینم. معاون دادسرا حرف‌های سرباز را تکرار می‌کند. به او می‌گویم نمی‌توان از حضور افراد در دادگاه جلوگیری کرد و اگر واقعاً من را بی‌حجاب می‌داند تنها می‌تواند بر اساس قانون جرم بی‌حجابی به من تفهیم و بر اساس قانون با من رفتار کند. نه اتهام بی‌حجابی که اتهام اخلال در نظم دادگاه و توهین به مقام قضایی به من تفهیم و برای من قرار

کفالت صادر می‌شود. به دلیل بودن در شهری دیگر و عدم دسترسی به کفیل، ماشینی از زندان شهر مرکزی استان برای بردن من به زندان می‌آید. با وساطت رییس دادگستری از بازداشت من خودداری ولی پرونده همچنان مفتوح باقی می‌ماند.»

مهده عقیلی نیز به یکی از تجاربش به عنوان روزنامه‌نگار اشاره می‌کند و از زیرفشار بودن روزنامه‌نگاران زن به خاطر رعایت حجاب و حتی داشتن چادر می‌نویسد:

«از زمان دانشجویی مشغول کار توی یه خبرگزاری شدم. در خیلی از حوزه‌ها باید حواسمون بود که به‌خاطر پوشش یا حجابمون حوزه‌ایی رو نسوزونیم که اونم مصیبتی بود واسه خودش. یادم می‌آد همون اوائل کارم واسه یه مصاحبه‌ایی رفتم به یه ارگانی. چادر هم سرم کرده بودم و تمام تلاشم رو برایِ حفظش می‌کردم، با هماهنگی سرباز صفری که نگهبان بود رفتم تو و از هزار پیچ ردم کردن، یادم نمی‌آد چی شد که کلاً مصاحبه کنسل شد و به من گفتن برم حراست، خلاصه که مسئول مربوطه علی‌رغم این‌که چادر داشتم از حجابم ابراز نارضایتی کرد و گفت اصلاً نباید منو راه می‌دادن! حتا اون سربازی هم که منو راه داده بود بازداشت کردن، نگاه ترسناکش هیچ‌وقت یادم نمی‌ره. حسِ خیلی خیلی بدی داشتم، موقع بیرون اومدن از اون‌جا تمام راه را تقریباً دویدم. از اون بدتر هم زمانی بود که رفتم و داستان را به همکارای دیگه‌م گفتم، هیچکی از برخورد اون آقا ناراضی نبود، همه می‌گفتن چرا حجابت کامل‌تر نبود، اگه حوزه خبری‌مون سوخته باشه چی؟ به چشمِ همه، من مقصر بودم.»

حجاب ندارید، درس نخوانید

محرومیت تحصیلی دانشجویانی که موی سر و بدنشان را به خوبی نپوشانده‌اند، فقط یکی از زیرپا گذاشتن حق تحصیل به دلیل اجبار کردن

حجاب است. زنانی که در رویداد فیس‌بوکی «سی و پنج سال در حجاب» نوشته‌اند، از دختربچه‌هایی گفته‌اند که برای رفتن به مدرسه مجبور به سر کردن مقنعه و مانتو و گاه چادر شده‌اند و دختران نوجوان و جوانی که به دلیل رعایت نکردن حجاب کامل اجازه تحصیل در دبیرستان دلخواه را نیافته‌اند و حتی از تحصیلات دانشگاهی محروم شده‌اند.

زویا دریایی یکی از آن دختران نوجوان است که به خاطر «جواب صادقانه» به سوال "آیا در مهمونی‌های خانوادگی جلوی نامحرم حجابت را حفظ میکنی؟" از مصاحبه ورودی به دبیرستان حذف شد و شاگرد اول کلاس بودن و بالاترین نمرهٔ آزمون ورودی را داشتن هم نتوانست مجوز ورود او به دبیرستان دلخواهش باشد.

رها پرواز یکی دیگر از زنانی است که تن ندادن به حجاب او را به کلی از تحصیل محروم کرد و مسیر زندگی‌اش را تغییر داد. رها می‌نویسد: «سالی که دیپلم گرفتم فقط دانشگاه تربیت معلم کنکور داشت (بعد از مثلاً انقلاب فرهنگی) و من برای اینکه از ادامه تحصیل محروم نشم تصمیم گرفتم در این تنها کنکور شرکت کنم. اما شرط ثبت نام داشتن معرفی‌نامه از مسجد محل بود. من و خانواده‌ام اهل مسجد و این حرفا نبودیم. پدرم به مسجد محل مراجعه کرد برای گرفتن مهر مسجد محل! اما به پدرم گفته بودن دختر شما حجاب نداره و ما نمی‌تونیم تایید کنیم. درسته من بی‌حجاب بودم اما بعد از اجباری شدن حجاب مثل بقیه در حجاب اجباری پوشیده شده بودم اما به دلیل زیبایی چشمگیری که داشتم تقریباً هر کدوم از اهالی مسجد به طریقی به من چشم داشتند و اراذلشون پیشنهاد دوستی هم بهم می‌دادن و من ازشون بیزار بودم و آدم حسابشون نمی‌کردم. با این کارشون سرنوشت من به کلی تغییر کرد و دختر درسخونی که تصمیم داشت دکتر بشه شوهر کرد و تو نوزده سالگی مادر شد و به

واسطه شوهری که دیوانه‌وار دوستش داشت!!! به کلی از اجتماع دور شد. البته روح سرکش من با روسری و چادر زخمی شد ولی از پا درنیومد. ادامه دادم و با حضور بچه‌هام بعد از سال‌ها درس خوندم و حالا هم به خاطر دور شدن از اون محیط سرشار از خفقان به اروپا اومدم. اما هرگز ظلمی رو که به من و امثال من و همه ملت ایران شد نمی‌بخشم.»

ماموران حافظ حجاب در کمین‌اند

مدرسه و دانشگاه و اداره گرچه اولین اماکن درگیری زنان با حجاب بود، اما حجاب اجباری کم کم به خیابان‌های شهر کشیده شد و هزاران زن در ایران داستان‌های تلخی از برخورد خشن ماموران حافظ حجاب دارند.

لیلا عباسپور، یکی از این زن‌ها، از تجربهٔ خود در اوایل دهه ۶۰ نوشته است:

«هفت یا هشت ساله بودم با مامان و دوتا از خواهرهام که از من بزرگتر بودند و همگی روسری به سر داشتیم از خیابون رد می‌شدیم که یهو یه موتوری با دوتا سوار که لباسای سبز لجنی (رنگی که اون زمان برای کمیته استفاده می‌شد) پوشیده بودن به سرعت به سمتمون اومدن انگار می‌خواستن بترسوننمون که یه دفعه از پشتمون رد شدن و رفتن، ولی به محض اینکه رفتن یکی از خواهرهام که موهای خرمایی بلند و زیبایی داشت و از پشت روسری یه کمش معلوم شد جیغ کوتاهی کشید و وسط خیابون خم شد... معلوم نشد با چی زدنش ولی دردش رو همه‌مون حس کردیم و فراموش نمی‌کنیم.»

فریبا باقری یکی دیگر از زنان محکوم به حجاب است که بازداشت شده و شلاق خورده:

«بعد از انقلاب که حجاب اجباری شد و تقریباً همه محکوم به رعایت آن، بهرحال کم و بیش رعایت می‌کردم، تا یک روز صبح موقع خرید ماشین گشت رو دیدم و سعی در پنهان شدن داشتم، که ناگهان یکی از گشتی‌ها که مرد هم بود آمد جلوی من را گرفت و به زور کیفم رو گرفت، من را با ماشین بردند، تحویل یکی از مراکز بنام کمیته کارون دادند، در آن روز حدود ۱۵ نفر را گرفته بودند، به خانواده‌ام اطلاع دادند و با شناسنامه خودم که همراه خانواده بود آزاد شدم و فردای آنروز، ما رو دادگاه بردند و به جرم بی‌حجابی ۲۰ تا شلاق خوردم. من رو روی صندلی نشاندند و بقول خودشان حد رو اجرا و ساعت ۳ بعداز ظهر ما رو آزاد کردند و البته، تعهد هم ازمن گرفتند.»

جامعه ابزاری برای سرکوب زنان بی‌حجاب

در کنار سرکوب و فشار نهادهای رسمی جامعه برای ملزم کردن زنان به رعایت حجاب، گروه‌ها و قشرهای مختلف جامعه نیز گاه با اهدافی یکسان یا متفاوت از حکومت، با این سرکوب همدستی می‌کنند. جامعه‌ای که در همدستی با حکومت زنان را مجبور به حجاب می‌کند، گاه سبزی‌فروش متدین محله است که به مهیا طاهری، ۹ ساله به خاطر نداشتن روسری به او سبزی نفروخت و گفت: «توی گیس بریده با اون موهات چرا روسری سرت نیست؟ چرا سوار دوچرخه‌ای؟ تا وقتی حجاب نداری بهت جنس نمی فروشم. برو با روسری بیا جنس بخر.»

گاه شورای محله خانم فاران فر است که او را به عنوان تنها زن عضو تیم فوتبال محله اخراج می‌کند به بهانه آنکه «امام گفته باید روسری بپوشید»، گاه همکلاسی‌های ساناز خزلی ۹ ساله که وقتی او را بدون روسری در خیابان می‌بینند تهدیدش می‌کنند که به خانم معلم خبر می‌دهیم و گاه بچه‌های محله سمیرا ام ان که دختربچه ۹ ساله‌ای را که روسری سر

نمی‌کرد، دامن می‌پوشید و موهای بلندش را افشان می‌کرد، طرد کرده بودند و با او بدلیل بی‌حجابی بازی نمی‌کردند.

گاه نیز افراد غیر مذهبی و حتی منتسب به گروه‌های چپ به بهانه «احترام به اعتقادات مردم» زنان را برای داشتن حجاب زیر فشار می‌گذاشتند.

الهه صدر روایت خود از چنین برخوردهایی را اینگونه نوشته است.

«تجربه من با حجاب اجباری بر می‌گردد به قبل از انقلاب. بسیاری از هم‌دانشکده‌ای‌های من با وجود اینکه ظاهراً مذهبی نبودند به مجاهدین پیوسته بودند و حتی با روپوش و شلوار و روسری به دانشکده می‌آمدند. این فضا حتی روی ما چپ‌ها نیز تا حد زیادی تاثیر گذاشته بود. چند ماه قبل از انقلاب بود که قرار شد به سبلان برویم. در این گروه ۱۲ پسر بودند و من تنها دختر گروه بودم. همگی هم‌دانشکده‌ای بودیم و در مبارزات دانشگاه هم شرکت داشتیم. پس از رسیدن به دهی که قرار بود از آنجا کوهنوردی را آغاز کنیم، متوجه شدم که پسرها چند تا چند تا با هم پچ پچ می‌کنند تا بالاخره یکی از آنها که سرپرست گروه بود نزد من آمد و به من گفت: رفیق اینجا مردم ده نمی‌توانند آمدن یک دختر را با ۱۲ پسر به کوهنوردی، هضم کنند، بهتر است تو حجاب داشته باشی که برای دهاتی‌ها مسئله عادی باشد و به گروه بدبین نشوند. من با چشمان از حدقه درآمده پرسیدم ما همیشه به جاهای مختلف سفر کرده‌ایم و همیشه می‌بایستی از ده عبور می‌کردیم ولی هیچگاه بی‌حجاب بودن من مسئله نبوده و هرگز برای ما مشکلی هم بوجود نیاورده چطور یکباره می‌باید من حجاب داشته باشم. سپس با ناراحتی گفتم اگر قرار است من روسری سر کنم اصلاً از این سفر صرف نظر می‌کنم. دوستان که ناراحتی من را دیدند یکی یکی نزد من می‌آمدند و هر یک تلاش می‌کرد با روش و استدلال خود، من را راضی به روسری سر کردن کند. یکی می‌گفت ما که یک عمر شعار مردم را داده‌ایم حالا باید

ثابت کنیم که به مردم اهمیت می‌دهیم. دومی می‌گفت مردم دهات
گرایشات مذهبی دارند و این احترام به اعتقادات آنهاست. نفر سوم
می‌گفت ما فقط از این طریق می‌توانیم با مردم ارتباط برقرار کنیم
و اعتماد آنها را به خود جلب نماییم پس باید خودخواهی‌های
شخصی را کنار بگذاریم. صحبت را کوتاه کنم اینقدر رفقا گفتند تا
من با هق هق گریه پذیرفتم که روسری سر کنم. ولی در تمام راه
اشک می‌ریختم و خود را مورد تبعیض و سرکوب شدید حس
می‌کردم. مورد تبعیض از سوی رفقای خودم. نه از سوی حکومت
شاه یا حکومت خمینی که بعداً به حکومت رسید بلکه از سوی
کسانی که خود را روشنفکر می‌دانستند.»

اجبار حجاب بدون سکوت و همدستی مردان ممکن بود؟

از داستان‌های بی‌شمار مردان معتقد و مدافع حجابی که به‌سان
گشت‌های ارشاد خانگی پوشش زنان خانواده را کنترل می‌کنند که بگذریم،
کم نیستند مردان بی‌اعتقاد به حجاب که با بی‌اهمیت دانستن این مسأله و
سکوت در برابر آن، به طور غیر مستقیم با اجبار حجاب همدستی می‌کنند.
آنچه لیلا در این رویداد فیس‌بوکی نوشته است، شاید تجربهٔ بسیاری
دیگر نیز باشد:

«چیزی که خیلی من رو اذیت می‌کرد وقتی بود که از حجاب صحبت
می‌کردم و دوستان پسر جوان کتاب‌خوان خودم که در خیلی از
زمینه‌ها هم‌فکریم به من می‌گفتند: "حجاب هم آخه شد مساله؟
این همه مساله هست تو ایران، چیه همه این دخترها فقط میخوان
حجاب نداشته باشن، واقعاً تو برای اینکه روسری سرته الان ناراحتی؟
خیلی کوته فکرین» من خیلی وقت‌ها در خیابون که راه می‌رفتم از
قصد کاری می‌کردم که شالم از سرم بیفته، دوست نداشتم حجاب
اجباری رو، همیشه فکر می‌کردم خوب این همه زن تو ایرانند اگه
یه روز همشون بدون حجاب بیان بیرون چی میشه؟ کی میتونه همه

رو دستگیر کنه؟ کی میتونه جلوی اون همه آدم مقاومت کنه؟ ولی خوب جواب آدمهایی که کنارم بودن، دوستانم همیشه این بود: «شالتو بکش سرت، الان میان میگیرنت، اینجا ایرانه‌ها.» اینها جواب آدمهای غریبه نبود، جواب آدمهای نزدیک به خودم بود که هیچکدام این رو کنشی برای بیان اعتراض نمیدونستند، و در حقیقت بیشتر به نظرشون لوس‌بازی یا روش جلب توجه بود تا یک کنش و مقاومت در برابر قدرت.»

شاید بخاطر همین تجربه‌های مشترک است که شادی امین به جای نوشتن خاطره خودش از حجاب اجباری، از نقش مردان در مبارزه زنان با حجاب اجباری و همراهی آنها در تحمیل این اجبار بر زنان نوشته است. او با طرح این سوال که «این همه مردی که در دور و بر ما هستند و علیه مناسبات حاکم هستند و خودشون رو غیر مذهبی هم می‌دونند، بنویسند که چه کردند برای کمک به مقابله با حجاب؟» از مردان خواسته است که: «بنویسند چند بار به زنان اطراف خود تذکر داده‌اند که حجابش را رعایت کند تا "دردسر" نشود؟ چند بار در بحث مربوط به حجاب تحت عنوان بی‌اهمیت بودن این موضوع، بحث را عوض کرده اند؟ چند خط علیه حجاب اجباری نوشته‌اند؟ چقدر ته دلشان با این قانون تحت عنوان مقابله با "بی‌بند

و باری" همدلی داشته‌اند؟ بنویسند چگونه سال‌هاست که سکوت تایید آمیزی در تحمیل حجاب داشته‌اند؟»

با این حال هستند مردانی که با شکستن سکوت خود در کنار زنان دوست و خانواده بوده‌اند و برای نداشتن حجاب همراه‌شان شده‌اند. برادران فایقه ارشک نمونه‌ای از این مردان‌اند:

«مادرم، زن درس خوانده و "امروزی" نسل خود بوده است که برای این که از آموزش و پرورش اخراج نشود با بیزاری تمام به قوانین پوشش تن می‌داد، مدرسه عوض می‌کرد تا مجبور نشود چادر سر کند. من شاهد بودم که این قوانین پوشش به موقعیت‌های خانوادگی و شخصی هم سرایت می‌کرد. چه بسا زنانی از فامیل که به خاطر حفظ جایگاه همسرشان در نیروی هوایی، یک شبه ناگهان خواب‌نما می‌شدند تا درجهٔ گروگان نگه داشته شده شوهرشان بالاخره بهشان داده شود. گاهی هم احترام به عقاید یک میزبان/ مهمان مذهبی اهرمی می‌شد برای روسری سر کردن زنانی که به حجاب باور نداشتند. اما زمانی که زن‌های فامیل بر حسب موقعیت یکی یکی چادری و یا روسری پوش می‌شدند، برادرهایم بیست ساله بودند که کلافگی مادرم را از این پارچه تحقیرآمیز کشف کردند و یک بار در جمع بزرگی از باورمندان به حجاب، روسری را از سر مادرم برداشتند و گفتند: مامان جان، حیف شما نیست؟ این لچک را بردار. مادرم سرخ شد، برای لحظه‌ای شاید یادش رفته بود که زن سربلند و آراسته‌ای بوده و هیچ‌کدام از هم‌نسلانش هرگز به انتخاب خود حجاب به سر نکرده‌اند ولی هر چه بود جیغ نکشید، به روسری‌اش چنگ نزد و پشت مبل قایم نشد. سرش را بالا گرفت و لبخند زد. بعدها اعلام کرد که روسری سر کردنش به این دلیل بوده از حرف در آوردن مردم می‌ترسیده و برادرهایم اعلام کردند — عین جمله را می‌گویم- که مامان، "ما مثل کوه پشتت ایستاده‌ایم که ببینیم چه کسی جرأت دارد حرف مفت بزند." بی‌گمان مادرم از آن روز فصل جدیدی

را از سر گرفت. زیرا می‌دید که سکوت‌ها و نگاه‌های معنی دارش به جوگیری مردان انقلاب زده فامیل، بالاخره پاسخ گرفته، به دست نسلی جوان‌تر، و منصف‌تر، از پس سختی این همه سال خفقان و شستشوی مغزی که به درون خانواده‌ها هم راه باز کرد. لباس‌های گشاد و بی‌ریخت کمد مادرم– که به گفتهٔ خودش هر چه هم قشنگ باشند در سایه روسری احمقانه‌اند- از دور خارج شدند و لباس‌های برش‌دار رسمی جای خود را دوباره پیدا کردند.»

خاطراتی همه تلخ

همه این اجبارها و فشارها برای اجباری کردن حجاب تا کنون و با گذشت ۳۵ سال نتوانسته الگوی مورد نظر حکومت را به طور کامل بر زنان تحمیل کند و همچنان شاهد هزینه‌های گزاف برای مقابله با آنچه "بدحجابی" عنوان می‌شود هستیم. اما آنچه غیرقابل انکار است و کمتر هم دیده می‌شود، تأثیر مخرب برخوردهای خشونت‌آمیز ماموران و نهادهای حافظ حجاب، بر ذهن و روان زنان و مخدوش کردن امنیت روانی آنان است.

فروغ حمیدی راد که به گفتهٔ خودش همیشه سعی می‌کرد طوری لباس بپوشد که برخوردی با ماموران حراست و نگهبان‌های درهای ورودی دانشگاه نداشته باشد، می‌نویسد:

«یک روز صبح موقع ورود، نگهبان‌ها فرمان ایست دادند و بازرسی شروع شد؛ مانتوی من فقط کمی بالاتر از زانو بود و حدود یک سال بود که می‌پوشیدمش. با بازگو کردن این حقیقت قانع نشدند تا اینکه با نگاهی تحقیرآمیز گفت شما حق‌تون نیست توی این دانشگاه درس بخونید. باید برید توی فلان دانشگاه... و پول بدین و توی سرتون بزنن تا یه مدرک بگیرین. اومدین بهترین! دانشگاه و مجانی دارین درس می‌خونین. این درست نیست. بعد هم چون در جواب توهین‌ها سکوت نکرده بودم، تهدید به فرستادن کارتم به حراست کردند. این توهین تقریباً برای اولین بار در زندگی من افتاد و اثری

که در زندگیم گذاشت، گریه‌های مداوم تا چند روز و کابوس‌های شبانه‌ام بود. شاید باورش سخت باشه اما از اون روز به بعد هر بار که نزدیک در ورودی می‌شدم، ضربان قلبم بالا می‌گرفت.»

رها بحرینی نیز می‌گوید تجربه‌اش از توبیخ‌ها و بازداشت‌ها بخاطر حجاب چنان روی روح و روانش تأثیر گذاشتند که تا سال‌ها بعد از مهاجرت، هر وقت از گوشه چشمم ماشینی پاترول‌نما و کرمی یا سبز زنگ می‌دیده بی‌اختیار می‌جهید. تا جایی که یک بار در چنین موقعیتی بی‌اختیار دست دوستش را در تورنتو کشید و ناباورانه گفت: وای بدو!

لیلا موری اما خاطره‌ای از حجاب اجباری به یادش نمی‌آید و نمی‌داند اولین بار چه وقت مجبور به سر کردن روسری شده. فقط می‌داند که قبل از هفت سالگی بود. لیلا نوشته است:

«آیا ممکن است ما بعضی از خاطرات دردناکمان را آنقدر پس بزنیم که دیگر یادمان نیاید؟ نمی‌دانم شاید این اتفاق برای من افتاده باشد. یا آنکه یک واقعه آنقدر تکرار شده است که دیگر نمی‌توانیم منفک و جدا از بقیه وقایع زندگی به یادش بیاوریم و در تلی از دیگر نمونه‌های روزانه تحقیر شدن‌ها گم شده است. احتمال می‌دهم آدم‌ها بعضی از دردهایشان را به فراموشی می‌سپارند و یا آن درد جز لاینفک بودنشان می‌شود و دیگر درد نیست. داستان حجاب اجباری برای من و بسیاری دیگر از زنان شاید چنین سرنوشتی دارد.»

زنانی که بدون حجاب به خیابان می روند

با همهٔ این سخت‌گیری‌ها همچنان هستند زنانی که بدون روسری و حجاب به خیابان و اماکن عمومی شهر می‌آیند. آزاده که چندین تجربه خود از بی‌حجابی در تهران را در صفحه فیس‌بوک «سی و پنج سال در حجاب» ثبت کرده، می‌نویسد:

«دیروز رفتم انقلاب. شالم روی شونه‌ام بود و موزیک تو گوشم. تازگی رسماً روسری سر نمی‌کنم. داشتم برای خودم راه می‌رفتم و طبق معمول هر ازچندی مردم متوجه‌ام می‌کردن که شالم افتاده و من یا لبخند می‌زدم یا می‌گفتم مهم نیست. تا اینکه از کنار یه لندهوری رد شدم که با موتور گنده‌اش وسط پیاده رو ایستاده بود. با لحن توبیخ کننده‌ای گفت که روسریمو سرم کنم. اعتنا نکردم و رد شدم. بعد از پشت سرم داد زد "اوهوی!" ترسیدم. همون‌طور که از خیابون رد می‌شدم شالمو کشیدم سرم. احساس تحقیر وحشتناکی بود... جلوتر باز شالمو انداختم. همون‌طور رفتم انقلاب و خریدام رو کردم. برای صاحب فروشگاه توضیح دادم که از خونه تا اینجا همین طور اومده‌ام و اینکه مردم کم کم عادت می‌کنن. بعد رفتم سینما. تو تاریکی سینما از بغل یه زوجی رد شدم و شنیدم که مرده گفت خانم روسریت ساعت‌هاست که افتاده. راهمو رفتم. نزدیکای میدون خودشون رو به‌ام رسوندن. پسره- یکی از این بچه حزب‌اللهی‌یا با اون ریشای تنک و نرم نفرت‌انگیز و موهای کوتاه با فرق کج و اون فربهی هیکلای پلو خورده‌ی حروم لقمه‌ای- که خیلی داشت بیست و دو سه سالش بود، خیلی آمرانه به‌ام گفت که روسریمو سرم کنم. به‌اش گفتم "به شما چه؟" جا خورد. تکرار کرد که روسریتو سرت کن. گفتم "به تو چه؟" با تعجب به من نگاه کرد و گفت: "جمهوری اسلامیه! شما اگر از چراغ قرمز رد بشی و پلیس جریمه‌ات کنه می‌گی به تو چه؟" محکم تو صورتش نگاه کردم و با قاطعیت و محق گفتم: "پلیس آره، به تو چه؟" لال شد. زن چادری شونزه هیفده ساله‌شم همون طور مات و خفه داشت نگاه می‌کرد. پسره اومد باز یه چیزی بگه که مردم کشیدنش اون ور. رفت. واقعیتش اون لحظه یه کم ترسیدم. با خودم فکر کردم نکنه شانس من گشتی کوفتی این دور و بر باشه و این حمال منو بندازه گیرش! راهمو کج کردم و از روی پل عابر رفتم اون طرف خیابون. حتا بالای پل شالمو

کشیدم سرم. ولی پایین رو که نگاه کردم و پلیسی ندیدم، باز انداختمش. عصبی بودم. حتا ترسیده بودم. ولی یه حال خوبی هم داشتم. یه حس خوب. دلم عجیب خنک شده بود. جیگرم حال اومده بود. انگار عقده‌ی تحقیر ظهر رو خالی کرده بودم.»

آیدا امیر فلاح یکی دیگر از زنانی است که تا حد ممکن بدون حجاب به خیابان می‌رود و دوچرخه سواری می‌کند:

«تا سوم راهنمائی بدون روسری تو کوچه با پسرها فوتبال بازی می‌کردم. اما هر موقع که می‌دیدم ماشین گشت ارشاد میاد کوچمون فرار می‌کردم و می‌رفتم خونه. هیچ‌وقت نتونستم این حجاب اجباری رو درک کنم و با این حال ریسک می‌کردم و بدون حجاب مثل پسرها می‌رفتم بیرون. با اینکه می‌دونستم اگه لو برم ممکنه از اداره اخراجم کنن. یک بار که من و دوستام مثل پسرها تو خیابون بودیم یه خانم منو شناخت گفت تو رو می‌شناسم تو فلان باشگاه دیدمت منم خندیدم و الفرار. یه بارشم روز انتخابات بود ما هم تبلیغات یه باشگاه دستمون بود مامورای اطلاعات ریختن رو سرمون که کاغذا که دستمونه چیه. رسماً سکته کردیم از ترس.!»

زنانی که تا پای مرگ تن به حجاب اجباری ندادند

مبارزه با حجاب اجباری فقط در خیابان‌های شهر نیست. بودند و هستند زنان زندانی سیاسی که تن به حجاب اجباری و به طور مشخص سرکردن چادر در زندان ندادند و نمی‌دهند، نسرین ستوده که بدلیل تن ندادن به سر کردن چادر محرومیت از ملاقات فرزندانش را تحمل کرد، یکی از این زنان بود.

ماری، دختر جوانی که مینا زرین، داستانش را در رویداد فیس‌بوکی «سی و پنج سال در حجاب» نقل کرده، یکی دیگر از این زنان است. مینا زرین از زندانیان دهه شصت با اشاره به اجباری شدن چادر مشکی به جای

رنگی برای زندانیان سیاسی زن در ملاقات و بهداری در سال های ۶۲ و ۶۳ نوشته است:

«ماری اسم مستعار، دختر جوان و کم سن و سالی به علت قبول نکردن و سر نکردن چادر مشکی برای رفتن به ملاقات و بهداری، ماه‌ها از ملاقات و... محروم بود. هر دو هفته یک بار خانواده‌ها به جلوی زندان می‌آمدند. میثم و ناصریان، با زرنگی و شیادی بسیار به آنان می‌گفتند که «دختران شما دلشان نمی‌خواهند خانواده‌هایشان را ببینند و خودشون به ملاقات نمی‌آیند». «دوست ندارند به ملاقات بیایند» خانواده‌ها نگران که چه عملی از آنها سر زده است. دختر با چادر رنگی مسافت و طول واحد ۳ را به طرف سالن ملاقات طی کرد؛ در ملاقات حضوری علت نیامدن را برای آنان که راحت‌تر و بدون سانسور بود، توضیح و تشریح کرد. خانواده بعد از ملاقات حضوری با اصرار از دختر چادر رنگی را گرفته و چادر مشکی تازه دوخته شده را به او دادند. به این باور که ماری چادر مشکی را سر خواهد کرد.

نقاشی از کتاب یادنگاره‌های زندان اثر سودابه اردوان زندانی سیاسی دهه ۶۰

مدتی طول نکشید که ناگهان در ورودی بند ۳ قزلحصار باز شد و ماری بدون چادر وارد بند شد. بهت، خنده و شادی بود که بر چهره و لبان سایر زندانیان نشست. دختر گفت: "با اصرار خانواده چادر را

گرفتم ولی بعد از رفتن پدر و مادرم چادر را آنجا پرت کردم و دوان دوان (که مسیر کوتاهی نبود) به بند آمدم." بلافاصله، یاالله یعنی دستور حجاب را دادند. ناصریان، با چهره عصبانی و خشمناک وارد و همه را به زیر هشت و سالن بند کشاند. ناصریان فریاد می‌کشید به چه اجازه‌ای در راهروی واحد که برادران مردهای فنی کار می‌کنند و این همه پسر زندانی در رفت و آمد هستند «لخت» به بند آمدی و دختر را در همان محل شلاق زدند این صحنه و ماجرا هم تراژدی، توهین آمیز، فشار و در گیری با خانواده‌ها و هم خنده‌دار و شجاعانه و ناباور بود.»

مینا زرین همچنین از ناهید محمدی، هم‌بندی اعدام شده‌اش نوشته است که وقتی او را برای اعدام فراخواندند، از سرکردن چادر سرباز زد: «ناهید، جسورانه چادر مسخره سرمه‌ای را تا آخرین لحظه به سر نکرد و نگهبان موقع خروج او از بند چادر را به سرش انداخت! ناهید را یک جنگجو، ضد سلطه و ضد نمادهای ارتجاعی، همچون حجاب اجباری سیاه چادرها دیدمش او را در جلوی بند زندان اوین بخاطر می‌آورمش. ناهید فقط ۲۲ یا ۲۳ سال داشت.»

***

۹۰ تجربه‌ای که در ارتباط با رویارویی زنان با حجاب اجباری نوشته شد، تنها بخش بسیار کوچکی از زندگی روزمره زنانی است که بدون آنکه اعتقادی به حجاب اسلامی داشته باشند، ملزم به تن دادن به آن هستند. بر اساس گزارش تحقیقی «۳۵ سال حجاب اجباری، نقض گسترده حقوق زنان در ایران» بیش از ۳۰ هزار زن در شهرهای مختلف ایران به دلیل نداشتن حجاب کامل بازداشت شده‌اند. دست‌کم ۴۶۰ هزار و ۴۳۲ زن مورد توبیخ قرار گرفته، بیش از هفت‌هزار زن مجبور به دادن تعهد برای رعایت حجاب اسلامی شده‌اند و پروندهٔ دست‌کم چهار هزار و ۳۵۸ زن به دادسراهای قضایی برای رسیدگی به تخطی آنها از قوانین حجاب، ارسال شده است.

هر کدام از این بازداشت‌ها و توبیخ‌ها و تعهدها و محاکمه‌ها داستانی دارند که اگر بخش اندکی از آن نیز نوشته و منتشر شود، شاید نگاه جامعه و حتی حکومت را به اجبار حجاب اسلامی تغییر دهد.

علاوه بر این اجباری بودن حجاب در مدارس، ادارات و تمامی اماکن عمومی در ایران و حضور مداوم نیروهای گشت برای کنترل حجاب زنان، آنان را در یک چالش روزمره و مداوم با حجاب قرار داده که به گواه نوشته‌های ثبت شده در این رویداد فیس‌بوکی نه تبدیل به عادت شده و نه گذر زمان چیزی از درد و رنج آن کم کرده است.

با این همه سکوت در برابر فشار حکومت برای حجاب اجباری از یک سو و مقاومت شمار زیادی از زنان در برابر آن از سوی دیگر همچنان نادیده گرفته می‌شود و خواسته‌ای لوکس و رادیکال زنان شهری طبقه متوسط و بالا شمرده می‌شود. نگاهی که فقط یک عزم فراگیر برای گفتن و نوشتن دربارۀ تاثیر حجاب اجباری بر زندگی زنان می‌تواند آن را تغییر دهد.